KB265290

게으름뱅이로 살아라

게으름뱅이로 살아라

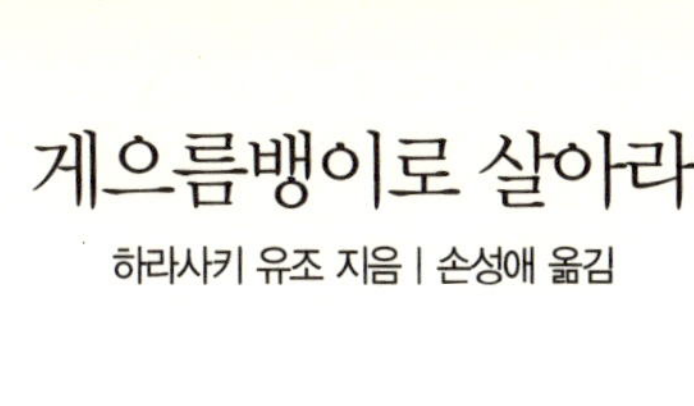

게으름뱅이로 살아라

하라사키 유조 지음 | 손성애 옮김

YANG 아문 MOON

정말 힘들다! 아침부터 밤늦게까지 회사 일에 시달리며 허덕거리기나 하고. 월급 받고 일하는 건 좋지만 허구한 날 윗사람 눈치만 보며 잔업에다 야근까지. 도대체 마음 편하게 한번이라도 쉴 수가 있어야지!

툭하면 상사한테 '바보 멍청이' 소리나 듣고, 고객은 남의 속도 모르고 '감 놔라 배 놔라' 잔소리에 그것도 모자라서 "내 말 안 들으면 재미없어, 대금 결제 언제 될지 몰라"라고 협박까지 한다. 말이라도 잘하면 고맙기라도 하지, 자기가 뭐라고 쥐뿔도 없는 게 사람을 개처럼 취급해.

성질 같아서는 한판 붙어 엎어버리고 싶지만, 똥이 무서워서 피하나 더러워서 피하지. 어휴, 내가 참는다, 참아!

하지만 이런 내 맘 죽었다 깨어나도 말 못하지. 왜냐고? 나한텐 토끼 같은 자식과 여우 같은 마누라가 있거든. 그러니 참을 수밖에.

내가 괜한 말을 했나? 아냐, 사실이 그런 걸. 나만 그런가, 다른 사람도 다 그럴 텐데!

제발 누가 내 말이 맞는다고 좀 해줘요!

1. 게으름뱅이가 되어라

2. 힘들게 일하지 마라

3. 비즈니스 원칙을 믿지 마라

4. 상품을 팔지 마라

5. 자신을 내세우지 마라

1. 게으름뱅이가 되어라

낮잠을 자는 사람만이 성공한다
쉬지 않으면 세상의 노예가 된다
노력해야 될 때와 놀아야 할 때
놀면서 의미 있는 시간 보내기

한 회사에 '한심해'라는 영업사원이 있었다. 이름 그대로 한심한 그는 회사에 들어간 지 2년 6개월이나 되었지만 해가 바뀌어도 영업실적이 늘 꼴찌인 정말 무능력한 남자였다. 그러던 어느 날 우연히 한심해가 '나성공'이라는 사람을 만났다.

먼저 그들의 에피소드를 들어보자.

낮잠을 자는 사람만이 성공한다

세상에는 마마보이가 많다지만 한심해는 유난히 할머니를 따랐다. 게다가 그는 어릴 적부터 울보에 제대로 할 줄 아는 게 하나도 없는 폭탄이었다. 그래서 늘 주변 사람들로부터 놀림감이었다.

그런 한심해가 힘든 일을 당할 때마다 반드시 떠올리는 것이 하나 있었다. 바로 할머니의 치맛자락 붙잡고 "나 바보 아냐, 바보 아냐"라고 울어대던 어린 시절의 추억이다. 벌써 30년 전의 일이지만 그때 할머니가 가르쳐주신 용기와 희망은 마법의 주문처럼 신기한 마력을 지니고 있었다.

"얘야, 힘든 일이 있을 때는 참으면 복이 온다고 마음속으로 되뇌라. 그러면 훌륭한 사람이 될 거야."

'참으면 복이 온다'는 말은 정말 좋은 주문이었다. 그 덕분으로 한심해는 영업실적은 늘 꼴찌였지만 나름대로 견딜 수가 있었다. 하지만 그것이 항상 통하는 건 아니었다. 앞으로 6개월만 있으면 입사 3년이 되는 그는 참을 만큼 참았다. 하지만 나머지 6개월조차 지나버리면 어떻게 해야 될까? 지금까지처럼 또 참아야 하는 걸까?

그때 한심해에게 한 통의 전화가 걸려왔다. 상대는 중소기업의 사장이었다.

"그 회사 제품을 꼭 한번 사용하고 싶은데 한번 찾아오시겠습니까?"

한심해는 뛸 듯이 기뻤다. 지금까지 전화로 '꼭 한번'이라는 말을 들어본 적이 없었기 때문이다. 그리고 계약이 약속된 상태에서 영업을 나간 적이 한번도 없는 그로서는 당연한 일이었다. '계약을 할 수 있다니' 길거리에서 춤이라도 한바탕 추고 싶은 심정이었다.

하지만 막상 차를 타니 여간 차가 막히는 게 아니었다. 마음 같아서는 날아서라도 가고 싶었지만 10분이 지나고 20분이 지나도 차는 전혀 움직일 기미조차 보이지 않았다. 그렇다고 뒤늦게 차를 두고 갈 수도 없었다. 그래서 고민 끝에 하는 수 없이 핸드폰을 꺼냈다.

"한심해입니다. 지금 그쪽으로 가는 중입니다. 한시라도 빨리 방문하고 싶은데 사정이 생겨서 좀 늦어질 것 같습니다. 약속시간 어긴 것은 나중에 다른 형태로 돌려드릴 테니 죄송하지만 조금만 더 기다려주시겠습니까?"

"괜찮습니다. 갑자기 드린 전화라 시간 맞추기 어려우실 겁니다. 편하게 오세요."

전화를 끊고서 한심해는 안도의 한숨을 내쉬었다. 왜냐하면 고객에게 '시간 약속 하나 제대로 지키지 못하는 사람과는 거래하지 않겠다' 는 말을 듣거나 아니면 상대가 화를 낼지도 모르는데다 이번 계약까지 놓치면 상사에게 호되게 야단맞을 거라는 두려움이 앞섰기 때문이다.

그로부터 30분 후, 겨우겨우 도착한 한심해는 속으로는 안심이 되면서도 한편으로는 약속시간을 어겼으니 무엇을 어떻게 해줘야 할지 고민되었다. 이런저런 생각을 하며 문을 열자 고객이 웃는 얼굴로 그를 맞이했다.

"갑자기 전화해서 미안하게 되었습니다."

한심해는 '왜 이렇게까지 호의적이지' 하며 이상한 생각이 들었다. 아니 솔직히 말해 신기하기까지 했다. 왜냐하면 지금까지 하는 일마다 한심했던 그로서는 이런 호의적인 태도에는 익숙하지 않았기 때문이다. 이럴 때는 겸연쩍은 웃음을 짓거나 어색한 표정으로 상대방의 얼굴을 바라보는 게 고작이다.

먼저, 약속시간이 늦어진 것에 대해 사과를 드리고 왜 자신에게 호의적으로 대하는지 묻기로 했다. 그러자 그는 부드러운 미소로 천천히 입을 열었다.

"샐러리맨 생활이 힘들겠다는 생각이 들어서네. 특히 영업사원은 더하지 않나. 고객은 늘 '더 싸게!' '서비스 좀 잘해라'는 잔소리나 하고 속도 모르는 상사는 대책 없이 화만 낼 텐데, 그래서 이래저래 화내는 거 그만두었네."

고객이 화를 내면 그 화를 고스란히 받아들이면서 무조건 참는 게 영업이라고 배웠던 한심해는 고객의 그런 말에 깊은 공감을 느꼈다. 게다가 바로 자기 자신의 일이었으니 당연할 수밖에 없었다.

그날은 세상 돌아가는 이야기나 하며 계약서에 사인을 받기로 했다. 하지만 '드디어 한 건 했다'는 기쁨에 젖은 한심해는 이것이 무엇을 의미하는지 아직도 눈치 채지 못했다. 왜냐하면 지금까지 일련의 과정에는 바로 '성공한 남자'의 비결이 숨겨져 있기 때문이다.

그로부터 한참 후, 납품날짜가 돌아왔다. 구체적인 시간 약속을 위해 고객에게 전화를 하자 지난번과 다름없이 상냥했다.

"이번에 올 때는 넉넉하게 시간을 내서 오게나. 가능하면 저녁에 일을 마치고서 오면 더 좋고, 가볍게 한번 놀러 오게."

한심해는 내심 기뻐하며 저녁시간에 맞춰 약속을 잡았다. 도대체 그는 어떤 사람일까? 왜 이 사람하고 있으면 영업의 고달픔을 잊을 수 있는 거지? 그래서 핑계거리만 있으면 그에게 언제라도 달려가고 싶었다.

이런저런 생각을 하며 한심해는 차를 몰았다. 그리고 설레는 마음을 억누르며 속도를 올리기 시작했다. 그런데 이게 어찌된 일인가. 또다시 교통정체에 걸리고 말았다.

한심해는 '아, 나는 왜 이렇게 되는 일이 없지!'라며 자신을 질책했다. 이럴 때 주문이라도 외워볼까 생각했지만 더 이상 시간을 낭비하고 싶지 않았다. 혹 더 좋은 주문이 없을까 하며 머리를 굴리기 시작했다.

'아하! 그래. 열려라 참깨가 있지!'

하지만 아무리 생각해도 유치하고 어설픈 아이디어밖에 떠오르지 않았다. 아무리 '열려라 참깨, 열려라 통깨'를 외쳐도 무의미하기는 마찬가지였다. 노력하면 할수록 답답하기만 한 자기 자신이 너무나 혐오스러웠다.

그러던 사이에 어영부영 약속장소에 도착할 수 있었다. '이번에는 틀림없이 화낼 거야' 라는 생각을 하며 잔뜩 기가 죽은 채 천천히 문을 열었다. 그러자 그는 마치 모든 것을 다 알고 있었다는 듯 웃는 얼굴로 맞이했다.

"어서 오게, 오느라 고생했지!"

"죄송합니다. 좀 늦었습니다…."

"늘 시간에 쫓기며 영업하다보면 그럴 수도 있지. 일 다 끝내고 천천히 오라고 한 건 나니까 괜찮네!"

"보통은 화를 내는 게 당연한데 왜 늘 그렇게 잘해주시는 거죠?"

"자네 그렇게 생각하나? 그래서는 영업실적을 올릴 수 없네."

순간 한심해는 얼굴에 핏기가 사라지고 온몸이 오싹해

졌다. 한심해 입장에서 보면 절대로 듣고 싶지 않은 말을 들은데다 한방 얻어맞은 기분이었다. 그러는 가운데 나성 공은 질문 하나를 툭하고 던졌다.

"어떻게 하면 영업실적을 올릴 수 있는지 궁금한가?"

"예, 당연하죠. 꼭 좀 부탁드립니다."

"그럼 먼저 낮잠 자는 시간을 만들어야지."

"예? 저는 좀 어렵겠는데요. 회사의 중역이라면 모를까 근무시간 중에 잠을 잔다는 게….."

"물론, 분명히 표면상으로는 어렵지. 그렇다면 중역들 은 다 노는 것처럼 보이나?"

"…."

"괜찮으니 솔직하게 말해보게."

"솔직히 다 그런 거 아닙니까?"

"그래. 자, 그러면 다음에 올 때는 점심시간에 오게. 점 심시간이 얼마나 유용한지 가르쳐주지. 아직 감이 안 잡히 겠지만 이 세상은 낮잠 자는 남자들만이 돈을 벌 수 있네."

쉬지 않으면 세상의 노예가 된다

이렇게 해서 그는 나성공으로부터 영업실적 올리는 방법을 배우게 되었다. 그러면 이제부터 나성공의 낮잠 시간을 들여다보자. 그 전에 여러분은 커피라도 준비하고는 느긋한 자세로 누워서 이 책을 읽어라.

"자, 바다로 가볼까?"

"네? 그런 데를 다 갑니까? 뭐 할 게 있다고 바다에 가죠?"

"낮잠 자러 가지! 일상생활과 떨어진 곳에서 낮잠을 자며 생각하는 걸세. 사람이 많은 데는 번잡하고 정신없기 때문에 조용한 곳에서 쉬어주는 거야. 이게 낮잠 시간의 기본이지."

"하지만 일부러 그렇게까지 멀리 가는 의미를 모르겠는데요?"

"잘 듣게. 이것은 좋은 아이디어를 위해 필요한 일이야. 일상생활과 가까운 곳에서는 이것저것 걱정이 되어 아무것도 못하지 않나. 그래서 가능한 한 멀리 나가는 걸세. 이제 낮잠의 의미가 제대로 이해됐겠지?"

"아뇨. 그래도 정말 모르겠는데요."

"사실은 육체노동을 하지 않는다는 뜻이야. 몸을 쉬어주지 않으면 머리가 움직이지 않아. 달리 말하면 육체노동만 하는 사람은 평생 가야 출세하지 못한다는 뜻이지. 이 세상은 두뇌를 사용하는 사람만이 성공하게끔 되어 있거든. 어때 이제 대충 감이 잡히지.”

“예. 뭐 대충은. 육체노동만 해서는 안 된다는 뜻이네요. 그래서 머리를 써야 된다는 거고, 머릿속을 비우고 냉정하게 판단할 수 있는 환경이 필요하다는 뜻이죠.”

“맞아. 바로 그 말이야. 그럼 어디 한번 가볼까.”

바다에 도착한 후 나성공은 말을 이어나갔다.

“자, 그러면 일단 잠을 자게. 먼저 15분간 눈을 붙이고, 그래도 잠이 오지 않으면 눈만 감고 있어도 되네. 눈을 감고 바닷바람을 느껴 보게나.”

“알겠습니다. 그런데 정말 자도 되나요….”

“이것은 머릿속을 텅 비우기 위해서 하는 일이야. 편히 쉬면서 좋은 아이디어를 끄집어내게! 육체노동만 해서는 출세하지 못한다는 건 이미 알고 있겠지. 그 상태에서 벗어나지 않는 한 평생 고객과 상사의 노예 신세에서 벗어날 수가 없지.”

“맞습니다. 제가 지금 노예 같은 인생입니다. 억울하고 분하지만 사실인 걸요.”

"그렇게 솔직하게 인정하다니 대단한 걸! 노예가 되기 싫으면 상사보다 뛰어난 아이디어를 내고 그것을 자기 자신을 위해 사용해야 돼. 먼저 상사가 꼼짝 못할 정도로 뛰어난 성적을 올려야 돼!"

"알겠습니다."

나성공은 두 팔을 크게 벌려 기지개를 켜면서 눈을 감았다. 이는 모든 일상생활을 잊기 위한 훈련이다. 한심해도 똑같이 따라하며 누웠다.

그로부터 15분 후…

“어때, 기분이 좀 좋아졌지.”

“바닷바람이 의외로 좋네요. 덕분에 잘 쉬었습니다.”

“그렇지, 머릿속도 시원하고 좋은 아이디어가 샘솟는 느낌이 들지 않나?”

“예. 이제는 느긋하게 생각할 수 있을 것 같습니다.”

“그나저나, 자네 애인하고 바다에 간 게 언젠지 기억하나?”

“…”

“별 뜻은 없으니까 긴장하지 마. 바다는 사람을 솔직하게 만들어주는 곳이지. 그래서 사귄 지 얼마 안 되는 커플들이 바다에 가는 거야.”

“그게 무슨 뜻입니까?”

“먼저 파도소리의 사이클은 인간의 맥박에 가까운데다가 소리로 확인할 수 있기 때문에 파도소리를 듣는 것만으로 동조현상이 일어나거든. 원래 자신의 호흡속도였던 소리를 들으면 사람들은 몸과 마음을 풀어주게 되지. 그리고 평소에 느껴보지 못했던 분위기를 느낄 수도 있고. 그래서 남자들은 사랑을 고백할 때 여자들을 바다로 데려가는 거고, 상대는 솔직하게 들으려고 하거든.”

“생각해보니 그것도 그런 것 같네요. 마음을 열고 솔직하게 들을 수 있을 것 같아요."

"자, 그럼 슬슬 시작해볼까?"

이렇게 말하면서 나성공은 주머니에서 작은 수첩 하나를 꺼냈다.

노력해야 될 때와 놀아야 할 때

좋은 아이디어가 필요하다면 바다에 가라! 이것이 나성공의 답이다. 하지만 일부러 바다에 가기가 어려운 사람들도 있다. 그럴 때는 스스로 가상공간을 만들어라. 이동하면서 음악을 듣거나 카페에서 향기로운 커피 한잔을 마시는 것도 좋은 방법이다. 먼저 쉴 수 있는 공간을 만드는 일에 전력투구하라. 딱딱한 책상 앞에 앉아 아무리 애써봐야 좋은 아이디어는 결코 떠오르지 않는다.

"그러면 슬슬 본론에 들어가볼까. 어떻게 하면 영업을 잘할 수 있는지 이것부터 알려주지. 그런데 자네, 내가 왜 자네에게 잘해주었는지 알고 있나?"

"아뇨. 글쎄, 그게 이상합니다. 하지만 그것만 알면 영업을 잘 할 수 있나요?"

"아냐. 그것만으로는 안 돼. 머리로 생각하는 것과 행동하는 것은 달라. 그래도 자네는 최고 영업사원이 될 수 있는 자질이 풍부해."

"정말이요? 하지만 영업실적은 그리 썩 좋은 편은 아닌데…."

"그건 영업의 요령을 몰라서 그런 것일세. 영업은 화술이 뛰어나다고 해서 되는 것도 아니고 선물을 많이 돌린다고 해서 되는 것도 아냐. 그보다 더 중요한 핵심이 있지."

"그게 무엇입니까?"

"알고 싶나? 자, 그러면 내가 숙제 하나를 내지. 이 수첩에 그동안 자네가 어떤 식으로 영업을 했는지 정리해봐. 내가 전화했을 때의 일도 같이 정리하고, 다음에는 그것을 보며 이야기하지."

그러면서 나성공은 한심해에게 작은 수첩을 건네주었다. 그 수첩에는 다음과 같이 적혀 있었다.

한심해의 최고 영업사원 만들기 개조계획

영업에는 요령이 있다. 영업을 할 때는 일에 열중해야 될 때와 놀아야 할 때가 있다. 이 점을 정리하라.

※지금까지 해온 영업방법과 나와의 거래를 비교하고 검토할 것. 그 차이점을 안다면 영업을 잘할 수 있다.

한심해는 회사로 돌아와 수첩을 펼쳤다. 하지만 전혀 진도가 나가질 않았다. 사무실에 있으니 상사가 이런저런 일을 시킬 뿐 아니라 전화 받기에도 바빴다. 그때 문득 나성공이 '바다에 가자'고 했던 진정한 의미를 알 것 같았다. 역시 쉬어줄 수 있는 환경이 필요했다. 다음날, 그는 카페에 가서 낮잠시간을 만들었다.

그러면 한심해의 최고 영업사원 개조계획 수첩을 잠깐 들여다보자. 한심해가 눈치 채지 못하도록 살짝 훔쳐보자.

지금까지 해온 영업방법

솔직히 말해 왜 저한테 잘해주시는지 잘 모르겠습니다. 내주신 과제물을 어떻게 정리해야 할지 그것도 모르겠습니다. 그래서 지금까지 어떤 영업을 해왔는지 하나하나 떠올리며 적어보았습니다.

사실 저의 영업실적은 만년 꼴찌입니다. 고객의 마음을 잡을 수 있는 화술을 구사하면 좋은데 막상 고객을 대하면 머릿속이 하얘집니다. 낯을 잘 가리는데다가 사람들 앞에 서면 극도로 긴장하게 됩니다.

그래서 툭하면 상사한테 야단맞는 게 일입니다. "좀 잘 해봐, 열심히 좀 해"라는 말에 상사가 지시하는

대로 움직여 보지만 아무리 애를 써도 결과는 마찬가
지입니다.

　　부끄럽지만 저도 노력하고 있습니다. 서점에서 영
업 노하우와 관련된 책을 구입해 읽기도 하고, 책에 있
는 대로 전화판촉도 하고, 개척영업도 하고, 전단지도
돌려보았지만 아무런 효과가 없습니다. 무엇이 잘못된
것일까요?

한심해는 고민하고 또 고민했다. 하지만 어떻게 대답
해야 좋을지 모르겠고, 도대체 지금까지 영업방법과 나성
공의 거래를 비교검토할 수도 없었다. 생각할수록 머릿속
이 터져버릴 것 같았다.

그때 나성공으로부터 핸드폰이 걸려왔다.

"어때 잘 되어가고 있나?"

"지금 카페에서 낮잠시간을 가지면서 쓰고 있는데 아
직 다 못했습니다."

"어디까지 썼지?"

"지금까지 있었던 영업방법에 대해서 썼습니다."

"그 다음은 어떤가? 비교검토는?"

"아직입니다. 솔직히 중간에 꽉 막혀서 영…."

"그럴 걸세. 비교검토하는 방법을 가르쳐주지 않았으니까! 그런데 어떻게 하면 비교검토할 수 있을 것 같은가?"

"…."

"그러면 힌트를 하나 주지! '능력 있는 영업사원은 잘 놀줄 아는 사람' 이라는 공식은 어떤가?"

순간 한심해는 가슴에 탁 와닿는 게 있었다. 그는 그동안 '영업은 이래야 된다' 는 상식에만 사로잡혀 있었다. 즉 노력하지 않아도 될 곳에서 전력투구하고 있었던 것이다.

놀면서 의미 있는 시간 보내기

그로부터 3일 후, 한심해와 나성공은 다시 바다로 갔다. 바다가 잔뜩 흐린 게 먹구름이 선명한 바다를 검게 물들이고 있었다. 보는 것만으로도 슬퍼지는 우울한 풍경이다.

"오늘따라 바다가 왜 이렇게 다르게 보이지?"

나성공은 한심해의 눈을 보며 천천히 말을 걸었다. '날이 흐리니까…' 라고 대답하고 싶었지만 그렇게 단순한 대답을 바라지 않는다는 것을 알기에 한심해는 입을 다물 수밖에 없었다.

얼마나 시간이 지났을까? 당장이라도 비가 쏟아질 것

같은 날씨였다. 차가운 공기가 두 사람의 시간에 압력을 가했다. 후텁지근한 바닷바람이 '점심시간 종료'를 알려주었다.

"슬슬 시작해볼까. 수첩은 가져왔겠지?"

"예. 가져왔습니다."

"어디, 잠깐 볼까?"

나성공은 한심해의 최고 영업사원 개조계획 수첩을 펼쳤다. 한심해는 자신만만하게 '정말 잘했어, 아주 훌륭해!'라는 칭찬을 받을 것이라고 생각을 했다. 비즈니스 책들까지 섭렵하며 정말 열심히 정리했기 때문이다.

하지만 그때 나성공은 작고 묵직한 신음소리를 내며 혼잣말로 중얼거렸다.

"아무래도 이거 내가 사람을 잘못 본 것 같군. 자넬 너무 과대평가했어!"

"도대체 무슨 말씀이십니까?"

"누구 이야기를 듣고 정리한 거지?"

"비즈니스와 영업 관련 책들을 읽고 핵심만을 정리한 것인데요."

"그래서 안 되는 거야…."

덧붙여서 수첩에는 이런 말이 써 있었다.

과거 영업과 현재 영업의 비교
(능력 있는 영업사원 = 잘 놀줄 아는 사람)

	과거의 영업	현재의 영업
신규개척	전화판매	안 하고 있음
	개척영업	안 하고 있음
	전단지 돌리기	안 하고 있음
	소개영업	안 하고 있음
기존고객	루트영업	안 하고 있음

어떻게 하면 이 영업방법을 재현할 수 있을까?
(영업테크닉에 대하여)

이번 만남은 '우연'이 여러 번 반복되면서 시작됐다. 그 우연을 재현하면 '능력 있는 영업사원 = 잘 놀줄 아는 사람'이라고 할 수 있을 것이다.

처음에 만났을 때 나는 약속시간에 늦었다. 지금 생각하면 그때 "손해 본 것을 보상해 드리겠다"는 말 한마디가 효과적이었던 것 같다. 왜 그런 말이 나왔는지 지금도 잘 모르겠다. 그래서 여러 모로 분석한 결과 다음과 같은 사실을 알 수 있었다.

기다리게 함으로써 주도권을 내 쪽에서 가질 수 있었다. 나와 고객 중 누가 주도권을 갖느냐에 따라서 대등한 관계를 갖게 되거나 결정된다.

고객에게 주도권 → 영업사원은 노예
자신에게 주도권 → 대등한 관계

따라서 주도권을 갖는 것이 노예관계에서 벗어나는 열쇠이다.

“내 분명히 말하는데, 자네 이대로 가다가는 평생 낙오자야! 약속시간에 늦으면 주도권을 잡을 수 있다니 착각도 유분수지! 자네와 지금까지의 시간이 무의미해지는군!”
“…”
“혹시 자네 권력 앞에서 기가 죽는 타입인가?”
“어쩜 그럴지도 모르겠습니다.”
“그러면 무엇이 옳고 그른지 구별이 안 되네. 오늘은 이만 마치겠네. 다른 회사와 거래를 터야겠어!”

한심해는 할 말을 잃었다. 엄청난 실수를 저질렀다는 것을 알았기 때문이다. '사후약방문(死後藥方文)'이 바로 이런 걸 두고 하는 말일 것이다.

"잘못했습니다. 한번만 더 기회를 주십시오!"

"내가 '안 된다'고 말하면 어쩔 텐가?"

나성공은 입꼬리를 올리며 '씨-익' 웃었다. 마치 사극의 한 장면에서 악랄한 권력자가 부하를 대하듯 미심쩍은 미소를 띄우며 한심해를 노려보았다.

"어떤가? 자네 말대로 주도권이 자네 쪽으로 갔다고 보는가?"

"정말 죄송합니다."

"나한테는 선택의 자유가 있어. 어디서 무얼 사든 그 것은 내 자유야. 어때 한번 해볼까? 주도권 싸움을 해보겠느냐 말이야. 날 노예처럼 부릴 수 있겠어? 어때 한번 해보지."

"다시는 안 그러겠습니다. 용서해주세요."

"이보게. 자넨 내 노예야. 내가 '서비스하라'고 하면 서비스하고, '가격을 싸게 하라'고 하면 싸게 해줄 수밖에 없단 말이야. 이렇게 시간을 잘못 사용하면 엉뚱한 일을 당하게 되는 걸세. 주도권을 갖는다는 엉뚱한 생각은 제발 버리게나."

"다시는 이런 일이 없도록 하겠습니다."

"자, 앞으로는 비즈니스상의 모든 규칙을 버릴 것, 권력 앞에 위축되지 말 것, 순수한 인간관계를 맺을 것 이 세 가지는 명심하게!"

"잘 알겠습니다."

"그리고 중요한 걸 하나 가르쳐주지. 일한다는 감각을 버리는 거야! 영업하러 가는 게 아니라 놀러 가는 거야. 그러면서 약간의 비즈니스 이야기만 하면 되는 거야. 즉 의미 있는 여가시간을 많이 가져야 한다는 것이네."

"일이라는 생각을 해서는 안 된다는 건가요?"

"그래, 바로 그거야! 그런데 놀러 다니는 관계가 되기 위해서 필요한 게 있다면 그게 무엇이라고 생각하나?"

"역시 신뢰관계가 아닐까요. '이 사람의 모든 것을 알고 싶다'는 기대감이나 믿음이 없으면 같이 놀고 싶은 마음이 없을 것 같은데요."

"그래! 바로 그거야! 영업은 어려운 것이 아닐세. 솔직하고 순수한 인간관계를 맺으면 되는 걸세. 그게 전부야."

금방이라도 비가 쏟아질 것 같던 날씨가 어느 틈에 거짓말처럼 화창해져 있었다. 마치 한심해의 앞날을 축복이라도 하듯 따뜻한 햇살이 그를 조금씩 비추어주고 있었다.

　비로소 한심해는 오늘을 계기로 새로운 첫걸음을 내딛게 되었고, 또한 영업이라는 이름의 속박과 저주에서 풀려날 수가 있었다.　즉 '능력 있는 남자' 가 되는 기회를 잡을 수 있게 된 것이다.

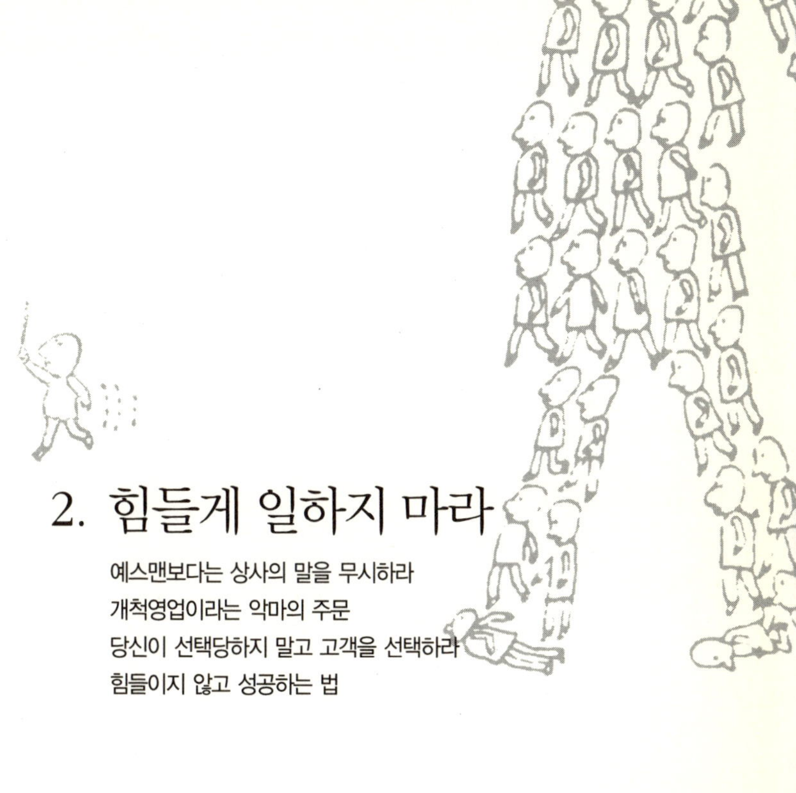

2. 힘들게 일하지 마라

예스맨보다는 상사의 말을 무시하라

개척영업이라는 악마의 주문

당신이 선택당하지 말고 고객을 선택하라

힘들이지 않고 성공하는 법

언제쯤이었을까? 아내에게서 사랑한다는 말을 들어본 게. 결혼 전의 그때 그 기분은 무엇이었을까? 환상, 아니면 착각?

아내와 아이들에게 왕따 당하고 가족들한테는 '돈 벌어주는 기계, 집에 있으나 마나한 존재' 인 남편이라는 이름. 아, 외롭고 쓸쓸하다. 이런 내 마음을 알아주는 사람은 없을까? 있다면 속에 있는 얘기라도 한껏 털어놓고 싶은 심정이다.

그것은 '애정' 이라는 이름의 미약일까? '만남' 이라는 이름의 소박한 시간일까? 빨리 '능력 있는 남자' 가 되고 싶다. '능력 있는 남자' 가 되어서 대접받고 싶다. 이런 지긋지긋한 생활에서 이젠 벗어나고 싶다.

오늘따라 혼자 먹는 밥상이 너무나 쓸쓸하다.

예스맨보다는 상사의 말을 무시하라

한심해에게는 처자식이 있다. 세 살짜리 아들과 한 살짜리 딸이 있는 그는 어디에나 있을 법한 아주 평범한 아버지이다. 하지만 지금 남몰래 고민하는 것은 가족과 함께할 시간이 없다는 것이다. 아이들과 함께 놀아주고 싶은데 여간해서 시간내기가 쉽지 않다. 퇴근해 집에서 하는 일이라고는 다 식어빠진 저녁에 쓸쓸하게 소주 한잔을 걸치는 것뿐. 어느 사이에 가정은 아버지 부재라는 심각한 상황에 이르렀다. 도대체 무얼 위해서 일하는 것일까?

한심해는 가끔은 가족들과 함께 식사를 하고 싶다는 생각을 해보지만 매일같이 윗사람 눈치를 보며 마음에도 없는 잔업과 야근 때문에 가족들과 대화를 나눌 시간조차 없다. 오랜만에 어렵사리 얻어낸 휴일에 얼굴이라도 마주치면 '애들 좀 봐라' '쥐꼬리만한 월급으로는 생활하기도 빠듯하다'는 아내의 잔소리에 귀가 따갑다. 사실 그런 아내도 틈틈이 하는 부업으로 집안 살림을 보태고 있다.

이게 아냐! 이렇게 외치고 싶은 사람은 한심해뿐이 아닐 것이다. 아마 그의 아내도 마찬가지일 것이다.

그렇다면 어떻게 하면 좋을까? 더 좋은 방향으로 나갈

수 있는 방법은 없을까? 한심해는 그 해답을 찾고 싶다. 아이들과 지낼 시간을, 가족들과 함께할 시간을, 잃어버린 시간을 되찾고 싶다.

솔직히 말해 두렵다. 그래도 어떻게든 하고 싶다는 게 솔직한 심정이다. 하지만 사실 직장상사나 고객보다도 더 무서운 게 아내다. 어쩌면 세상에서 가장 무서운 존재일지도 모른다.

결혼하기 전에는 천사처럼 보였던 아내. 마냥 사랑스럽고 예쁘고 '무슨 일이 있어도 꼭 지켜주고 싶었던' 그녀건만…. 그렇게도 여렸던 그녀가 이제는 용감하고 씩씩해졌다. 아이들과 가정을 지키기 위해서 투사가 된 것이다.

한심해는 소주잔을 기울이며 언제부터 대화가 없어졌는지 생각해본다. 분명 아이들이 태어나기 전까지는 모든 게 순조로웠다. 회사일, 직장상사와의 관계, 고객들 이야기, 참으로 많은 이야기를 나누었다. 아내는 진심으로 내 이야기를 들어주었고 언제나 웃는 얼굴로 '힘들지. 그래도 힘내'라며 응원까지 해주었다. 그런데 무엇이 잘못된 것일까? 왜 상대도 해주지 않는 것일까?

한심해는 취기가 돌았다. 회사 일도 꼬이고, 집안일도 꼬이고 어디에도 마음 하나 둘 곳이 없다. 유일한 안식처라고는 나성공으로부터 '능력 있는 남자가 되기 위한 비결'을 배우는 것뿐이었다.

실제로 직장의 불만을 집으로 가지고 와봤자 해결되는 것도 아니다. 푸념이나 늘어놓는 무능한 남자가 되어서는 가정을 지킬 수 없다. '회사가 나빠서' '악랄한 직장상사 때문에' '능력은 있는데 때를 잘못 만나서'라고 불평한들 아무 소용없다.

그래서 한심해는 '능력 있는 남자'가 되면 해결될지도 모른다고 생각한다. 그리고 '능력 있는 남자'가 되어 야근 생활을 청산해야겠다고 다짐한다. 가족과 함께 저녁을 먹고, 아이들과 함께 목욕도 하고, 가끔 가족여행도 떠나고…. 그런 이상적인 아버지 상을 꿈꾸었다.

'일 잘하는 남자'만이 아니라 '일도 잘하는 아빠'가 되고 싶었다. 나성공과 낮잠 잤을 때처럼, 카페에서 휴식시간을 가졌을 때처럼 정신적인 여유를 갖고 가족과 함께하고 싶었다. 아내와 아이들이 좋아하는 멋진 남자가 되고 싶었다.

언제부터 변했던 것일까? 왜, 이렇게 되어버린 것일까? 이런 생각도 해본다. 아침부터 밤까지 소처럼 하루 종일 일하고 자신도 모르는 사이에 회사의 기계로 전락했다.

가족들은 전혀 이해해주지 않는다. 인생을 통째로 회사에 갖다 바치고 가족까지 희생시켰다. 이제는 이런 생활을 벗어던지고 싶다.

마음 같아서는 '사람 갖고 놀지마' 라고 큰소리로 목청껏 외치고 싶다. 하지만 죽는 한이 있어도 그런 말은 입 밖으로 내뱉지 못한다. 가족들의 생활과 운명이 걸려 있기 때문이다. 가슴 아픈 현실이지만 돈을 위해서라도 참을 수밖

나도 가족에게 충실한 이상적인 아버지 상을 꿈꾸었다

에 없다. 그래서 그 모든 것을 마음 깊이 담아두고 노예 같은 삶을 살아가는 것이다.

하다못해 퇴근만이라도 빨리 할 수만 있다면…. 그래서 한심해는 '능력 있는 남자'와 '멋진 아빠'가 되기 위해서 일 잘하는 방법을 생각했다. 영업실적을 올리면서도 잔업과 야근 시간을 줄일 수 있을까? 갈 곳 없는 씁쓸한 기분을 억누르며, 절망이라는 블랙홀 속에서 안간힘을 쓰며, 새로운 희망의 빛을 찾아 한발 한발 착실하게 움직이기 시작한다.

그로부터 며칠 후, 한심해는 직장동료와 술자리를 가졌다. 역시 혼자 마시는 술맛과는 다르다. 회사와 상사의 험담으로 시간 가는 줄 모르고 이야기꽃을 피우며 오랜만에 알딸딸한 기분에 그동안 쌓아두었던 울분을 토해냈다.

물론 최고의 술안줏감인 회사나 상사에 대한 험담이 결코 좋은 행동이라고는 생각하지 않는다. 불만을 터트릴 데가 없기에 할 수 없이 하는 것뿐이다. 그러면서 내일을 위해 기분을 풀어보려는 것이다.

· 군소리 말고 한바퀴 돌고 와!
· 내가 젊었을 때는 죽을힘을 다해서 일했어.

· 신규영업이라도 해와! 프레젠테이션 방법 좀 배우게!
· 계약 못했으면 전화판촉이라도 해!
· 일 없으면 전단지라도 돌려!
· 제대로 할 줄 아는 게 도대체 뭐야!

이러한 것들이 상사들의 불만이다. 직장동료들도 하나 같이 '맞아, 역시' 라고 말한다. 하지만 우리는 말은 이래도 상사의 명령을 노골적으로 거부하지는 못한다. 그리고 항

울분을 풀어보기 위해 동료들과 술 한잔을 해보지만…

변이라고는 '상사라고 해준 게 뭐가 있어!' 라고 마음속으로 되뇌는 것뿐이다.

하지만 동료들의 항변에도 일리가 있다. 노력해서 될 일이라면 벌써 되었을 것이다. 그래서 세상 일이 힘든 것이다.

그때 나성공과의 일이 떠올랐다.

· 힘들게 노력하지 않는다는 새로운 선택권을 가져라.
· 의미 있는 여가시간을 많이 만들어라.
· 권위에 위축되지 마라.
· 순수한 인간관계를 맺어라.
· 일한다는 감각을 버리고 즐겨라.

동료들은 그런 현실을 포기하면서도 열심히 하는 수밖에 없다며 뛰어다니고 있다. 그런데 안타깝게도 영업실적이 만년 꼴찌인 한심해처럼 '힘들게 노력하지 않으면서 성공하는 방법을 찾겠다' 는 발상을 하는 사람은 아무도 없었다. 이날 얼근하게 취한 한심해는 이런 생각을 하면서 문득 어쩌면 자신이 최고가 될 수 있을지도 모른다는 예감이 들었다.

개척영업이라는 악마의 주문

다음날, 한심해는 졸린 눈을 비비며 출근했다. 솔직히 말하면 부부싸움을 한바탕하고 나왔다. 동료와 한잔 걸친 뒤 술 냄새를 풍기며 밤늦게 집에 들어가자 아내가 그때까지 기다리고 있었다. 잠깐 싫은 소리한 게 말싸움으로 번져 수면 시간조차 빼앗긴 한심해였다.

"당신은 좋겠네. 당신이 좋아하는 일만 할 수도 있고, 나는 뭐야…."

남자 입장에서 보면 이 말보다 무서운 건 없다. '업무상 사정이 있었다'고 한들 이해할 리 만무하다. 그렇다고 더 이상의 항변은 상처 난 곳에 소금뿌리는 격이라 죽었다 깨어나도 못한다.

여자라는 동물은 생각할수록 신기하다. 남자가 조용하게 입 다물고 있으면 한술 더 떠서 공격한다.

"애들 다 크면 나도 하고 싶은 대로 하며 살 거야!"

한심해 입장에서 보면 결코 좋아서 하는 일이 아니다. 인간관계상 어쩔 수 없이 한잔 한 것에 지나지 않고, 직장도 다니고 싶어서 다니는 것이 아니다. 그런데 왜 이런 일이 벌어진 것일까?

아내 입장에서 보면 처녀 때는 자기 힘으로 일하고 자기가 좋아하는 물건을 쇼핑하며 누구 눈치 볼 것도 없이 항상 친구들과 자유롭게 어울려 놀았다. 하지만 결혼해서 아이가 생기자 그럴 수 없다. 하루 종일 집에 있으면서 사고 싶은 것, 놀러 가는 것을 참다보니 쌓이는 게 스트레스다. 솔직히 말해 가사와 육아 부담을 덜어줄 남편이 그립다. '회사 일을 집안으로 끌어들이지 말라'고 퍼붓고 싶은 게 한심해 아내의 솔직한 심정이다.

그건 그렇고, 다시 업무가 시작되었다. 한심해가 어떤 일을 하는지 살짝 들여다보자.

도저히 할 수가 없다. 솔직히 말해 정말 미칠 것만 같다. 개척영업이라니 정말 싫고, 너무 괴롭고, 절대로 하고 싶지 않다. 거절당할 것을 각오하면서, 벌벌 떨면서, 만난 적도 없는 생판 모르는 사람 집에 갑자기 찾아가다니 너무 실례되는 건 아닐까.

이런 생각을 하면서 당장이라도 도망치고 심정으로 영업하는 건 죽어도 못할 짓이다. 도저히 못할 일이니 누가 말려주었으면 한다. 상사의 지시라고는 하지만 '왜 이런 일을 해야만 하는지' 죽을 맛이다. 하지만 이것이 샐러리

맨의 운명이니 상사의 명령을 거역할 수만은 없다.

만약 내가 반대 입장이라도 생판 모르는 사람한테 이런 일을 당하면 당연히 짜증날 것이다. 파는 건 당신 마음이지만 당신의 목적을 위해서 날 이용하지 말라고 외치고 싶은 것은 나뿐일까? 이런 생각은 나처럼 한심한 사람의 어리석은 변명에 불과한 것일까?

한심해는 기분이 나지 않았다. 개척영업을 할 때마다 기분이 우울해진다. '개척영업이라도 해오라'는 상사의 명령, 노력과 끈기와 인내로 '어쨌든 발로 뛴 결과를 가지고 오라'는 것이 상사의 가르침이다.

예전에는 그것이 분명 통했을지도 모른다. 이를 악물고 노력하다 보면 크게 한 건 할 수 있었을 것이다. 하지만 무리한 것은 무리. '내가 젊었을 때는 죽을힘을 다해 뛰어다녔다'고 해서 시대가 다른 지금에도 통용되는 것은 아니다.그러고 보니 동료와 술 마실 때 이런 말을 한 사람이 있었다.

"지금은 모든 게 넘치는 시대라 개척영업은 한물갔어!"
"기획서 작성해서 프레젠테이션을 하려고 해도 보일 기회가 없다."
"그런 여러 의미에서 기획력이 필요한 거야!"

"그러니 기업의 방향을 제시해주지 않으면 아무것도 못하는 거야!"

분명 그렇다. 기업이 해야 할 일은 '~을 꾀하는 것'이라고 한다. 즉, 올바른 계획을 세우지 못하는 회사는 아무 소용이 없다는 것이다.

· 눈앞의 현금을 벌어들이는 일에만 집착하는 회사
· 노력과 끈기, 과거의 영광만으로 독려하는 회사

솔직히 말해 이런 회사의 사원은 괴롭다. 계획성 없는 운영으로 그 악영향이 전부 부하직원들에게 돌아온다. 결국 과거 실적이 없는 신입사원과 아직 직책이 없는 평사원만 죽어나는 것이다.

당신 회사는 어떤가? '철저한 계획 속에서' 업무가 제대로 돌아가고 있는가?

이쯤까지 생각이 미치자 나성공은 한심해에게 이렇게 말했다.

"우연이라고는 하지만 용케 이 부분을 알아차렸군. 자네 회사는 '계획 하의 업무'가 안 되니 자기 스스로 기획하고 계획해야 돼!"

"알겠습니다. 이번에는 전화판매에 대해서 알아볼 생각입니다."

당신이 선택당하지 말고 고객을 선택하라

할 수만 있다면 도망치고 싶다. 그러나 마음은 굴뚝같지만 그럴 수가 없다. 수화기를 놓고 있으면 상사의 눈치를 거부할 수가 없다. 분명 개척영업보다는 낫지만 자신의 할당량을 위해, 회사의 매상을 위해 모르는 사람의 시간을 뺏는 것은 내키지가 않는다.

그런데도 꼭 해야만 하는 것일까? 그것은 '계획한 업무'가 없는 회사이기 때문이다. 상대방의 입장에서 보면 전화를 받아본들 귀찮을 뿐이다. 도덕적으로 생각해도 바람직한 일이 아니다.

하지만 이 시간은 약속이 성사될 때까지 반복된다. 안 되면 될 때까지 하라는 게 상사의 명령이기 때문이다. 기분이 우울해질 것을 알면서도 수화기를 드는 손은 무겁기만 하다. 억지로 수화기를 들었지만 어떤 식으로 전화판촉을 해야 할까? 어떻게든 약속이라도 해서 그 자리에서 피하고 싶은 게 솔직한 심정이다. 한심해는 스스로 '업무계획'을 하면서 전화를 걸기로 한다.

- 어떻게 하면 상대가 기뻐할 수 있는 전화판촉을 할 수 있을까?
- 주문을 받을 수 있는 전화판촉이 과연 가능한가?

이런 생각을 하고 있을 때 문득 아이디어 하나가 떠올랐다. 선입관을 버리자 생각지도 못했던 곳에서 뜻밖의 결과가 나타났다. 인간은 궁지에 몰려야 자신의 능력을 발휘하는 모양이다. 영업실적이 꼴찌인 한심해는 실적 때문에 항상 초조한 상태에서 빨리 벗어나려고 했다. 하지만 그런 상황에서 냉정하게 생각하면 얼마든지 방법이 있다는 사실을 알게 되었다.

수백 군데 전화를 걸어도 약속하기조차 어려운 전화판촉. 게다가 한심해의 회사는 500군데를 걸어도 겨우 약속 하나를 잡을까 말까한 효율성 제로의 회사이다. 재수 없으면 하루 종일 전화만 붙잡고 있어야 하기 때문에 무슨 일이 있어도 이 상황만큼은 피해야 한다.

'아! 맞아, 간단한 거잖아. 왜 이렇게 간단한 걸 몰랐지?'

한심해는 쓴웃음을 지으며 전화번호를 눌렀다. 전화를 받는 상대를 선택하면 되는 것이다. 회사로서는 매출로 이어지면 되기 때문에 굳이 모르는 사람에게 갑자기 전화를 걸 필요가 없다.

그는 기존의 모든 거래처에 전화를 걸었다. 그 결과 자유롭게 약속을 하고 불과 15분 만에 그 자리를 벗어날 수가 있었다.

"그 사이 많이 배웠군. 권위에 휘둘리지 않고 자기 페이스로 사는 삶이 어떤가?"

"그렇게 폼 잡을 일 아닌데요. 이제 슬슬 실적을 올리지 않으면 안 됩니다. 멍청히 있다가 구조조정당하는 것보다 한번 강하게 밀어붙이는 게 좋을 것 같아서요."

힘들이지 않고 성공하는 법

한심해는 뭐가 뭔지 모르지만 해답을 찾은 듯한 느낌이 들었다. 첫째 업무계획을 자신이 세울 것, 둘째 회사에 의존하지 않고 자기 스스로 만들어낼 것. 이것이 '능력 있는 남자' 들의 공통된 특징이라는 걸 알아차렸다.

분명히 그렇다. 평소 상사에게 야단맞을 일이 많았던 한심해가 그때마다 빠짐없이 듣는 잔소리가 있다.

· 공부 좀 해, 공부 좀. 꼭 일일이 가르쳐주어야 아나!
· 실적 좋은 사람은 아무것도 가르쳐주지 않아도 다들 잘 팔아!

도대체 일을 어떻게 하고 다니는 거야!

이런 상사들의 잔소리에도 일리가 있다. 하지만 냉정하게 바라보면 그런 상사들에게도 적잖은 문제가 있다는 걸 알 수 있다. 사실 '능력 있는 남자'는 배운 것을 잘 따라하는 사람이 아니다. 어디서 본 듯한, 들은 듯한 기존의 방법대로 따라하는 것이 아니라 자신의 인격을 바탕으로 독창적인 업무를 추진하는 것이다.

그런데 직장상사는 상황파악도 제대로 못한 채 팔짱만 끼고 앉아 부하에게 무리한 일만 강요한다. 시대에 부응하는 합리적인 업무계획을 짜는 게 관리직이고, 부하들이 기분 좋게 일을 할 수 있도록 환경을 조성해주는 것이 직장상사의 의무이다. 하지만 그런 사람은 여간해서 찾아보기 어려운 것이 현실이다.

따라서 먼저 자기 자신이 무엇이 옳고 그른지 정확하게 판단할 수 있어야 한다. 상사의 말을 액면 그대로 수용하는 것이 아니라 시대의 상황과 현실에 적합한 업무계획을 스스로 만들 줄 알아야 하는 것이다.

까놓고 얘기해서 '능력 있는 남자'란 상사가 말한 대로 '힘들게 일하지 않는 남자'를 말한다. 자신의 실적과 회사의 형편을 상대에게 강요하지 않으면서 상대의 입장을 존중하며 행동하는 사람이다. 진정한 의미에서 상대를 배려

하는 마음. 이것이야말로 미래의 키워드, '능력 있는 남자'
의 핵심이 될 것이다.

　"자, 이제 10년 후의 미래로 가보기로 하지. 나머지는
행동만 남았어. 자네 혼자서도 잘할 수 있을 것이네!"
　"네? 도대체 무슨 말씀이세요?"

3. 비즈니스 원칙을 믿지 마라

반복되는 노예생활로부터 탈출하라

실력사회, 능력주의라는 미명의 환상

절대 세대교체는 없다

눈에 띄려면 철저하고 확실하게 튀어라

영업의 기본은 절대 팔지 않는 것

꿈을 꾸었다. 그것도 아주 오랫동안. 타임머신을 타고 능력 있는 남자가 된 10년 후의 자신과 만나는 꿈이었다. 사람들은 지치고 힘들거나 안타깝지만 달리 방법이 없을 때 미래를 알고 싶어한다. 그리고 수많은 역경을 극복한 용감한 자신과 만나고 싶다. 만약 눈앞에 타임머신이 있다면 얼마나 마음이 편할까. 그러면 지금 하는 일이 옳은지 그른지, 어떤 평가를 받을지 그 과정을 알 수 있을 텐데 말이다.

어릴 적 할머니에게 '착하다'며 칭찬받을 때처럼 누군가에게 등을 기댈 수 있다면 얼마나 좋을까. '잘못한 거 없다. 그대로 올바르게 정직하게 살면 된다'는 위로를 받고 싶다. 그 한마디만 들으면 다시 한번 용기를 내어 전진할 수 있을 것 같다.

마지막 한 발만 더 내딛을 수 있는 용기가 있다면 '능력 있는 남자'가 될 수 있건만…. 그 한마디가 듣고 싶어 꿈을 꾼다. 나성공과의 만남을 꿈꾼다. 정말 어떻게 하면 좋지? 꿈에서 깨어나자 커다란 실망감이 밀려온다.

반복되는 노예생활로부터 탈출하라

현대사회의 비즈니스는 잘못되었다. 아무리 생각해도 제정신이 아니다. 다들 미쳤고 정신이 나갔다. '제정신이냐'고 묻고 싶은 건 나뿐만이 아닐 것이다.

팔기 위해서라면 수단과 방법을 가리지 않는다. 다양한 방법으로 정보를 조작하고, 고객의 심리를 선동하면서 어떻게든 사게끔 만든다. 모든 사람이 그렇다고는 할 수 없지만 대부분 기업의 매출과 자신의 실적을 위해서라면 물불을 가리지 않는다.

상대방이 싫어하는 일은 절대로 해서는 안 된다. 함정에 빠뜨리는 일을 해서도 안 된다. 이것이 살아가기 위한 최소한의 규칙이고 윤리다. 우리는 유치원이나 초등학교 때 그렇게 배웠고 또한 그렇게 교육받았다. 그런데 막상 비즈니스 세계에서는 '무슨 일이든지 용서된다'는 생각이 버젓이 통용되고 있다. 정의라고는 눈곱만큼도 찾아볼 수 없다.

상대방의 의사와 상관없이 몇 번이고 집요하게 걸어대는 전화판촉을 예로 들어보자. 만약 사생활에서 다른 사람들에게 똑같은 짓을 하면 어떻게 될까? 스토커나 다름없다. 그런데 고소당해도 하나 이상할 것 없는 이런 행동들이 비즈니스라는 이름으로 묵인되고 있다. 아무도 의심하지 않고 모두가 당연하게 받아들인다.

전화판촉은 합법적인 스토킹이나 마찬가지!

이제 당신은 무엇이 옳고 그른지 알았을 것이다. 이처럼 비즈니스, 특히 영업 현장에서는 범죄나 진배없는 아슬아슬한 행동들이 당연하게 이루어지고 있다. 이제 제정신을 차리고 무엇이 옳고 그른지 올바른 판단기준을 떠올리자. 내가 특별히 가르칠 만한 내용도 아니다. 그냥 당신이 이미 배운 것을 떠올리고 실천하면 그뿐이다.

다시 한번 강조하면 사람들이 싫어하는 일은 절대로 해서도 안 되고 그들을 함정에 빠뜨려서도 안 된다. 이것이 우리가 삶을 살아가는 데 지켜야 할 최소한의 규칙이다.

'24시간 열심히 뛰어다니는 남자' 들이 마시는 강장음료가 '지치고 피곤한 아버지' 를 위한 음료로 바뀐 지금의 현실에서 새로운 길을 제안한다. 당신한테도 '능력 있는 남자' 가 될 수 있는 길이 있다는 것이다. 이미 레일은 깔려 있다. 당신은 '능력 있는 남자' 가 되는 길을 걸으며 조종하는 방법을 배울 것이다. 그래서 길을 걸어갈 때 당신의 장애는 최소한으로 줄어들 것이다.

먼저 정신을 차리자. 이것이 '능력 있는 남자' 가 되기 위한 최우선 규칙이다. 그리고 선입관을 버리고 옳은 것과 그른 것을 판단할 줄 아는 힘을 기르는 것이 두번째 규칙이다.

우리가 지금까지 살펴본 한심해와 나성공이 나눈 대화

에는 진실한 순간이 담겨 있다. 이 이야기를 현실적인 차원으로 어떻게 수용하느냐에 따라 '능력 있는 남자'가 될 수 있는 길이 열린다. 당신은 왜 힘들게 노력해서는 안 되는지 그 진정한 의미를 이해했을 것이다. 노력해야 되는 포인트가 다르기 때문에 당신은 지금까지 그 고생을 한 것이다. 위경련에 시달릴 정도로 쓸데없는 노예생활에 시간을 소모하고 낭비한 것이다.

그러면 '능력 있는 남자'가 되기 위한 행동지표에 대해 살펴보자. 시대를 바꾸기 위해서는 알아야 할 것들이다.

실력사회, 능력주의라는 미명의 환상

갑자기 이런 말을 꺼내 미안하지만 당신은 실력사회와 능력주의가 인기 있는 진정한 이유를 아는가? 어쩌면 모르는 게 약일지도 모른다. 하지만 '능력 있는 남자'가 되려면 분명히 알아두어야 한다. 왜냐하면 의욕이 꺾여버리기 때문이다. '능력 있는 남자'가 되고자 노력하는 당신의 콧대를 꺾어버릴 위험성이 있다. 하지만 그것의 진면목을 알면 모든 것이 바보 같고 어이없다.

아무리 실력사회, 능력주의라고 한들 '업무계획'을 세울 줄 모르는 회사와 상사가 당신에게 정당한 평가를 내릴 리 없다. 완전히 반할 정도로 아주 멋진 상사가 있다면 예외겠지만 그렇지 않다면 여러 면에서 고생길이 훤하다. 즉 승진이나 보너스를 기대해서도 안 되고 미래도 보장할 수 없는 것이다. 설사 있더라도 그것은 이미 무너져 내린 종신고용제도를 지키기 위해 회사의 경영진들이 입으로만 떠드는 것에 불과하다.

실력주의·능력주의는 윗사람이 자리를 지키는 데 이용하는 환상 그러니 이 말을 귀담아들어라. 그 증거로 높은 사람들의 월급은 여간해서는 감봉되지 않는다. 진정한 의미에서 능력주의라면 정말 능력을 발휘해야 하는 것은 경영진 자신들이다. 하지만 그들은 과거의 영광에 달라붙어 자신들의 입장을 고수하며 팔짱끼고 관망만 한다.

그러면서 자신의 월급을 고수하려고 연공서열에 근거한 급여체계를 현상유지라는 형태로 지키려 든다. 따라서 실력사회, 능력주의라는 말은 그것을 지키기 위한 위장에 불과한 것이다.

그래도 이해가 안 되면 먼저 그들이 무엇을 생각하는지 한번 확인해보자. 이 부분을 중점적으로 알아보자.

종신고용제도에 근거한 연공서열
· 상사의 명령을 충실하게 따르는 부하가 우수사원
· 큰 실수를 저지르지 않는 것이 최대의 미덕
· 근속연수가 최대의 평가기준
· 노력과 인내의 미덕을 중시
· 약속된 승진제도
※ 시간과 몸을 투자하면 월급을 받을 수 있었고, 인내하고 노력하며 붙어만 있으면 어떻게든 되었다.

실력사회·능력주의의 임금, 보너스 삭감 시스템

· 이전 세대 사람들이 전부 승진해 인건비 상승

· 정신을 차렸을 때는 이미 불경기, 따라서 비용절감이
  우선

· 역시 자신의 월급과 지위는 지키고 싶다는 게 솔직한
  심정

· 젊은 친구들의 월급을 깎는다면?

· 능력주의를 강요하면서 승진시키지 않아도 된다.

· 하지만 노골적으로 해서는 반감을 산다.

· 그래서 무슨 말이든 말 잘 듣는 사람만 월급을 인상
  시킨다.

· 더 이상 월급이 인상되지 않기 때문에 야근수당 역시
  깎이는 건 당연!

· 때가 때이고 불경기니까 그렇게 간단하게 불만을 내
  뱉지 못할 것이다.

· 우리는 충분히 일했다. 그러므로 편하게 살 권리가
  있다.

· 젊은 친구한테는 열심히 하라고 격려하면서 일하게
  만들면 된다.

이처럼 모든 마이너스 요인은 당신에게 돌아오게 되어 있다. 꼭 당신의 회사에만 한정된 이야기가 아니라 모든 회사에 걸쳐 똑같은 일이 발생하고 있다.

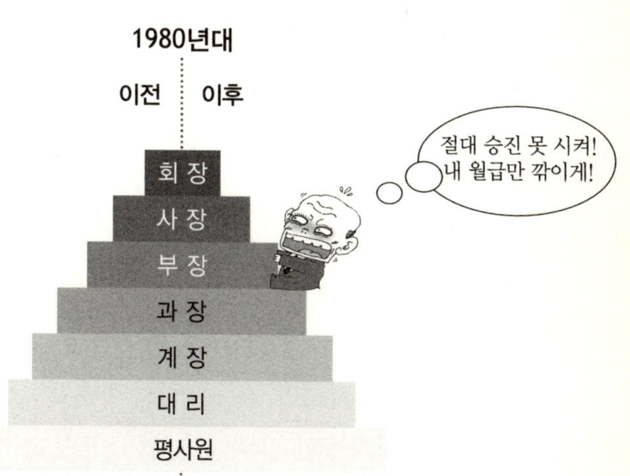

튀어나온 못은 얻어맞는 비참한 현실

애당초 높은 사람이란 '인내와 노력의 미덕'에 얽매인 사람들이기 때문에 달리 방법이 없다면 없는 것이다. 참고 노력하면 미래가 보장된다는 말만 믿고 필사적으로 뛰어왔다. 그게 지금 현실이 되려는 순간에 산산조각이 나버린다면 어떨까? 결코 웃을 일이 아니다. '무슨 일이 있어도 편하게 살아야겠다' '젊은 친구를 시키면 된다'는 생각을 이해 못하는 건 아니다.

비즈니스 사회의 이면구조 알아보기 2

절대 세대교체는 없다

비참한 현실이지만 이것이 높은 사람들의 실태이자 발전과 성장을 망각한 남자들의 말로다. 제법 그럴듯한 대의명분을 준비해 젊은 세대의 생각을 억압함으로써 현상유지를 시키려는 것이 그들의 습성이다.

물론 모든 사람이 그렇다고는 말할 수 없지만 기본적으로는 그렇다. 모든 것이 자신의 지위와 명예를 지키기 위한 것이며 자기 자신의 편리를 도모하기 위해서다. 이를 위한 것이라면 누가 상처를 받아도 상관없다. 자신의 이익만 지킬 수 있으면 되기 때문이다.

쉽게 말하면 그들은 젊은 세대들이 절대로 눈치 채지 못하게 한다. 모든 수단과 방법을 동원해서 세대교체를 절대로 시킬 생각이 없다. 따라서 그 악영향이 당신에게 전부 돌아오게 되어 있다. 상사와 고객의 잔소리를 들어가며 상사의 말을 충실하게 따른 대가로 아내와 자식으로부터 불평불만을 사는 것은 당연하다. 그래서 남자는 괴롭다.

당신이 아무리 힘들게 노력해도 보상받지 못하는 것은 과거의 나쁜 습관에 세뇌를 당했기 때문이다. 이러한 나쁜 습관을 단절시킬 때 당신은 '능력 있는 남자' 로 거듭날 수 있는 것이다.

비즈니스 사회의 이면구조 알아보기 3

눈에 띄려면 철저하고 확실하게 튀어라

그렇지만 전략전술 없이는 아무것도 할 수 없다. 갑자기 반기를 들어본들 높은 사람에게 억압당하게 되어 있다. 권력을 가진 사람은 권력으로 제압한다. 세대교체를 했다가는 자신의 목이 위험해지기 때문이다.

그래서 갑자기 그들의 눈에 튀는 행동을 해서는 안 된다. 어중간하게 튈 생각이라면 아예 처음부터 튀지 않는 편이 현명하다. 그러지 않으면 높은 사람에게 짓밟힐 수밖에 없다. '튀어나온 못은 얻어맞는다' 는 말이 있듯 얻어맞을 정도로 어설프게 튀어서는 안 된다는 것이다.

그렇다면 어떻게 하면 좋을까? 한마디로 기왕 튈 것이라면 '확실하게 튀어나온 못은 얻어맞지 않는다' 는 사실이다. 그만큼 확실하게 튀면 짓밟고 싶어도 짓밟을 수 없고 때리고 싶어도 손이 닿지 않기 때문에 당신을 인정하지 않을 수가 없다.

눈에 띄려면 철저하고 확실하게 튀어라! 이것이 '능력 있는 남자' 가 되기 위한 세번째 규칙이다. '저 친구는 도저히 따라잡을 수가 없어' 라는 말이 나올 만큼 철저하게 튀어야 살아남을 수 있다. 말이 그렇지 이것도 사실 쉬운 일은 아니다. 그래서 사전에 그런 상태로 만들기 위해 당신이 해야 할 세 가지 원칙이 있다.

· 고객을 내 편으로 만들어 실적을 만들어라.
· 동료를 내 편으로 만들어 동료의 실적도 올려라.
· 지속성이 있는 증거물로 높은 사람의 눈길을 자연스럽게 끌어라.

즉, 높은 사람의 자존심을 건드리지 않고 자연스러운 평가를 자주 받음으로써 자타가 공인하는 '능력 있는 남자'가 될 수 있는 것이다.

분명히 모든 사람이 눈을 의심할 만큼 한번에 큰 대박을 터트려 영웅이 되는 길도 있다. 하지만 그것은 잘못하면 윗사람의 자존심에 상처를 주는 결과를 초래할 수 있다. 그러면 요주의 인물로 낙인이 찍혀 오히려 왕따가 될 가능성이 높다. 따라서 자연스럽게 좋은 평가를 받을 수 있도록 노력하는 것이 바람직하다.

그러기 위해서는 먼저 고객들에게 '고맙다'는 말을 듣도록 하자. 그리고 동료들에게 그 방법을 알려준다. 동료들의 실적에도 공헌하면서 '너 덕분'이라는 말을 회사 곳곳에서 들을 수 있도록 분위기를 조성한다.

'나 잘났다'고 아무리 자화자찬한들 누구도 믿어주지 않는다. 그러니 지극히 자연스러운 방법으로 윗사람의 귀에 당신의 칭찬이 들어가도록 해라. 동료나 주변 사람들에게서 당신이 신뢰를 받을 때 상사로부터도 두터운 신임을 받을 수 있는 것이다.

반복되는 노예생활로부터 탈출. 그것은 고객에게 '고맙다'는 말을 듣는 데서 시작된다.

영업의 기본은 절대 팔지 않는 것

그러면 이제부터 본격적인 이야기로 들어가자. 이미 인내하고 노력하는 행동이 얼마나 시대에 뒤떨어진 무모한 일인지를 알았을 것이다. 노력하면 노력할수록 자기 무덤만 파는 것이 현실이다.

그렇다면 노력하는 것이 왜 그렇게 모양이 나지 않는 것일까? 왜 시대에 뒤떨어진 낡아빠진 것으로 변해버렸을까? 그것은 시대가 변했기 때문이다. 그런데도 인내하고 노력하는 것이 미덕이라는 영업수단이 여전히 사용되고 있다. 그래서 고객들이 싫어하는 것이고 당신은 생각하고 싶지도 않은 비참한 현실과 부딪히는 것이다.

예를 들어보자. 선입관을 털어버리고 상큼한 기분으로 판단하기 위해 질문해보자. 중고등학생으로 돌아가 솔직하고 냉정하게 답해라.

- 당신은 중고등학교 때 공부벌레와 적극적으로 놀아본 경험이 있는가?
- 당신은 친구들과 놀 때 공부를 주제로 이야기한 적이 있는가?

자, 그러면 각 항목의 답을 알아보자.

공부벌레의 가면을 벗어라

당신은 학창 시절 선생님의 말을 전부라고 믿었는가? 선생님 말대로 공부만 잘하면 친구들과 사이좋게 지낼 수 있다고 믿었는가? 그렇지 않았을 것이다. 대부분의 공부벌레는 십중팔구 왕따다.

분명히 한눈팔지 않고 공부만 잘하면 선생님한테 좋은 평가는 받을 수 있다. 하지만 무의미한 자기 과시나 자랑 때문에 그들에게는 친구가 없다. '재미없고 짜증나는 놈'이라는 낙인이 찍혀 무시만 당할 뿐이다.

학창 시절 왕따의 유형과 마찬가지로 비즈니스 세계에서도 해당된다. 즉, 일을 열심히 하는 사람이 지지받는 것이 아니라 함께 있으면 재미있고 편안한 사람이 지지를 받는다. 비즈니스라고 해서 지나치게 진지한 사람은 모두가 싫어하는 법이다.

· 공부벌레 = 열심히 일하는 사람

· 선생님 = 윗사람

· 학교친구 = 고객

· 공부 = 일

이처럼 당신은 비즈니스 세계에서 하고 싶지도 않은 '공부벌레' 역할을 하고 있는 것이다. 윗사람의 방침에 따르는 것이 옳다고 배웠기 때문에 고객들로부터 왕따를 당한 것이다.

알았으면 지금 바로 '공부벌레'의 가면을 벗어버려라! 가면을 벗어버릴 때 당신은 고객과 친해지는 핵심을 잡을 수 있을 것이다.

일에 대해 이야기하지 마라

고객은 학창 시절의 친구들을 말한다. 고객은 취미가 맞는 친구 같은 존재다. 그래서 공통된 화제를 찾아서 대화를 진행하면 된다. 능력 있는 남자는 아무 생각 없이 함부로 업무 이야기를 꺼내지 않는다.

실제로 '능력 있는 남자'들의 특징을 분석하는 과정에

서 다음과 같은 사실을 알 수 있었다. 그들의 상담에서 업무상담은 거의 예외 없이 5분에 불과하고 나머지는 취미생활과 관련된 노는 이야기가 전부였다. 그것도 그들이 먼저 적극적으로 언급하는 것이 아니라 고객의 이야기에 박자를 맞춰주는 정도였다.

상품설명도 하지 않고 어떻게 계약을 할 수 있는지 의문을 제기할지도 모른다. 하지만 이 방법이 계약을 자유롭게 성사시킨다는 사실을 '능력 있는 남자' 들은 알고 있다. 바로 여기에 '능력 있는 남자' 의 비밀이 있는 것이다.

학창 시절, 친구들과 대화를 떠올려보라. 친구들과 대화할 때 공부만 화제로 삼는 녀석이야말로 '공부벌레' 들이다. 분명히 공부를 위해서 모였지만 그것이 가장 중요한 과제는 아니다. 무엇보다 중요한 것은 살아가는 데 없어서는 안 될 친구와 신뢰관계를 갖는 것이다. 이처럼 공부, 즉 일이 대화의 주제가 될 수 없다. 그래서 '능력 있는 남자' 들은 고객을 대할 때 학창 시절의 기분으로 즐거운 대화를 하는 것이다.

'능력 있는 남자' 들은 말을 목적으로 하는 영업은 하지 않는다. 물론 팔기 위한 영업도 하지 않는다. 오히려 팔고 싶지 않은 상대를 선별하려고 노력한다. 하지만 팔리기만 하면 뭐든 해도 좋다는 것이 요즘의 비즈니스이다. 아무나 상관없다는 생각은 얼토당토않은 놈에게 발목을 잡힐 수 있다. 분명히 신뢰관계가 없는 상태에서 잘못 팔다가는 다음처럼 위험할 수 있다는 걸 명심하라.

· 왕따 대상이 될지도 모른다.
· 노예처럼 굴욕적인 대우를 받을 수 있다.
· 어렵고 무리한 일을 요구받게 되고 나중에 그것이 영업효율을 떨어뜨린다.

그래서 팔고 싶지 않은 사람을 사전에 판단하고 구별하여 거부하는 영업을 하는 것이다. 모든 것이 나와 호흡이 잘 맞는 사람을 찾아 조화롭게 살아갈 수 있도록 하기 위해서 말이다.

솔직히 그런 사람은 재구매로 이어진다. 마음이 안 맞는 사람과 백날 교제한들 그때뿐인 한시적인 인간관계에 머문다. 좋은 인간관계를 맺지 못한다면 서로가 불행해지는 것은 자명한 사실이다.

그래서 '아니다' 싶으면 일부러라도 팔지 마라. 눈앞의 이익으로 판단하는 것이 아니라 꾸준한 신뢰관계를 쌓을 수 있는가에 초점을 두라. 영업은 현명한 친구를 고르듯 고객을 고르는 것이다.

그러면 이제 핵심으로 들어가자. 흔히 볼 수 있는 비즈니스 책을 보면 영업이란, 영업사원이 비즈니스상 주도권을 쥐는 것이며 심리테크닉을 이용하거나 영업용 화법을 익혀서 상대방을 치밀하게 설득하는 것이라고 써 있다. 참으로 웃기는 말이다. 도대체 무슨 생각으로 이런 말을 지껄이는지 모르겠다. 그것은 앞에서도 언급했듯이 고객을 이용하는 범죄 행위와 다름없다.

그러니 자신의 말에 책임을 지고 사물의 본질을 정확하게 파악해야 한다. 당신은 더 이상 세상을 나쁘게 만들어서는 안 된다. 당신 자식과 후손을 위해서라도 나쁜 습관을 전부 끊어버려라. 세상이 정상으로 돌아갈 때 우리의 아이들은 자유롭게 살 수 있는 것이다. 당신 또한 성공에 한발 더 가까이 다가갈 수 있는 것이다.

4. 상품을 팔지 마라

보이지 않는 데서 일하는 능력 있는 남자
비즈니스와 사생활의 벽을 없애라
능력 있는 남자만의 기술—3초 안에 팔아라
직접 만든 당신만의 선물을 준비하라
과거의 경험을 정리하여 시간을 단축하라
정성이 담긴 초대장 만들기
특별부록 : 주의해야 할 실전기술

솔직히 나는 노력이니 근성이니 하는 말을 싫어한다. 더 시원하고 멋진 삶을 원한다. 흔히 '젊어 고생은 사서라도 한다'고 하지만 굳이 그러면서까지 고생하고 싶지는 않다.

그래서 난 힘들게 일하지 않는다. 왜냐하면 보상받지 못하는 고생을 하고 싶지 않기 때문이다. 하지만 남자라면 반드시 노력이 필요할 때가 있다. 뛰지 않는 척 하면서 뛰어야 될 때가 있는 것이다. 보이지 않는 곳에서 뛰는 것이 '능력 있는 남자'의 기본이다. 밝은 표정으로 무엇이든 해내는 게 '능력 있는 남자'가 갖추어야 할 모습이다.

보이지 않는 데서 일하는 능력 있는 남자

아직 막연하지만 '고객의 눈앞에서 열심히 일하는 모습을 보이지 말아야 팔린다'는 사실을 안 것만으로 큰 발전이다. 대부분의 사람들은 영업용 멘트와 프레젠테이션 방법, 심리테크닉, 임기응변식 흥정 등으로 영업실적이 결정된다고 보고 있다. 그리고 영업 노하우 책을 읽거나 과거 성공한 사람의 이야기를 들음으로써 성공할 수 있다고 믿는다.

안타깝지만 그것들은 당신의 성공을 보장하지 않는다. 단지 옛날 이야기나 듣는 정도에 불과하다. 부자가 되는 책을 읽었다고 부자가 된다면 당신은 벌써 열두 번도 더 부자가 되었을 것이다.

그래서 우리는 지금 시대에 맞는 영업방법으로 고객에게 기쁨을 주어야 한다. 시대에 뒤떨어진 낡은 이야기를 씹지도 않고 통째로 삼킬 때가 아니다. 쓸데없는 곳에 시간을 낭비하지 말고 최소한 필요한 것만이라도 기억해 현장에서 활용하자.

이것만으로 '상품설명도 하지 않고 어떻게 계약을 성사시키는지'에 대한 의문은 해소되지 않았을 것이다. 알고 나면 간단한 일이지만 너무나 단순해서 눈에 잘 띄지 않을 수도 있다. 나도 당신에게 어떻게 하면 팔리는지를 알려주고 싶지만 일면식도 없는 처지에 그것조차 마음대로 할 수 없다.

그래서 이제부터 '능력 있는 남자의 시뮬레이션 게임'을 살펴보자. 게임하는 감각으로 다음의 다섯 가지 항목을 구성해보라. 이것만 자연스럽게 된다면 당신도 고객에게 기쁨을 줄 수 있을 것이다.

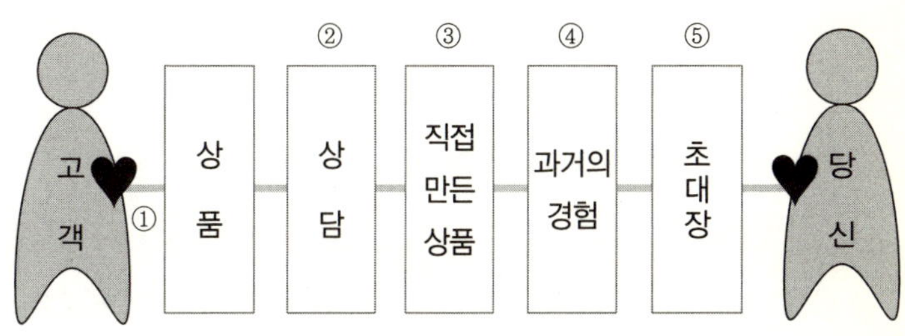

① 비즈니스와 사생활의 경계선을 없애라.
② 능력 있는 남자만의 기술, 3초 안에 팔아라.
③ 손수 만든 선물을 준비하라.
④ 과거의 경험을 정리하는 것만으로 시간을 단축시킬 수 있다.
⑤ 정성이 담긴 초대장을 보내라.

그러면 실제로 활용하기에 앞서 핵심들을 살펴보자.

비즈니스와 사생활의 벽을 없애라

이제부터 말하려는 내용은 한마디로 요약하면 '당신을 주인공으로 만들기'이며, 그 과정을 '게임감각으로 즐기기'이다. 왜 사업계획서가 아닌 게임인가? 그것은 '업무상담은 5분, 나머지는 노는 이야기'를 재현하기 위해서이다.

분명 제대로 된 사업계획서는 상사를 이해시킬 수 있다. 하지만 구체성도 없고 재미도 없다. 시시하기 때문에 고객의 공감을 얻을 수 없다. 그럴듯해 보이지만 실제로는 사용할 수 없는 탁상공론에 불과한 쓰레기들뿐이다.

자, 그러면 어떻게 하면 좋을까? 먼저 당신이 즐기는 것이다. 당신이 즐기면서 '능력 있는 남자'가 되기 위한 시뮬레이션 게임을 시작하라. 게임감각으로 당신과 고객의 접점을 찾아내는 이야기를 만들어라.

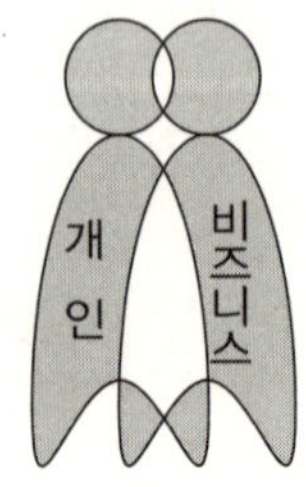

먼저 당신이 즐겨라. 그리고 당신뿐 아니라 고객도 즐길 수 있는 이야기를 만들어라. 여기에 필요한 것은 '비즈니스와 사생활의 경계선을 짜는 것'이다. 긍정적인 의미에서 변화를 주고 인간적으로 정직해지는 것이다.

그러면 게임을 구성하기에 앞서 중심축이 되는 개념을 살펴보자. 먼저 '능력 있는 남자'가 되기 위한 마음가짐에는 어떤 것이 있는지 확인해볼 필요가 있다. 다음은 내 개인적인 견해를 피력한 것이므로 직접 옳고 그름을 판단하라.

'고객을 위해서'라는 표현을 하는 사람들이 있다. 솔직히 이젠 이런 말이 지겹다. 그러니 더 이상 거짓말은 하지 말자. 당신도 진심으로 그렇게 생각하는가? 당신이 내뱉은 말만큼 상대를 배려하는 마음을 갖고 있는가?

만약, 당신이 '예스'라고 자신 있게 말할 수 있다면 확실하게 하라. 그런데 왜 '고객을 위해서'라고 말하면서 고객이 원하지 않는 것을 파는가? 진심으로 그런 마음이 있다면 노골적으로 이것저것 강요할 수 없을 것이다.

모든 것은 자기 자신을 위해서다. 자기 자신을 납

득시키고 만족시키기 위해 발버둥질 쳤을 뿐이다. 사실 '고객을 위해서' 라고 잘 들 떠들어대지만 그렇게 만만한 일이 아니다. 고객에 대해서 모르면 고객을 위해 아무것도 해줄 수 없다. 정과 여유가 없으면 고객을 돌볼 수가 없다.

고객의 눈앞에서 열심히 일하는 것과는 다르다. 공치사는 필요 없다. 사람 좋은 척해보았자 열심히 일하니 잘 좀 봐달라는 압력에 지나지 않는다. 그러니 이제 고객의 눈앞에서 열심히 일하는 모습은 끝내라.

반복해서 말하건대 고객을 위해 필요한 것은 정과 여유이다. 그것을 만들어내기 위해서 먼저 해야 할 일은 여유시간을 갖는 것이다. 그 시간을 만들기 위해서 현재 자신이 안고 있는 업무시간을 단축시키는 방법을 알아야 한다.

이것을 읽고 납득한 사람은 이견이 없을 것이다. 이제 '고객을 위해서' 라는 기분 나쁜 가면은 필요 없다. 마음과 마음이 통하는 교감, 좋은 의미에서 함께 잘 사는 것을 목표로 하는 것만이 '능력 있는 남자' 의 마음가짐이다.

비즈니스와 사생활의 벽을 없애라

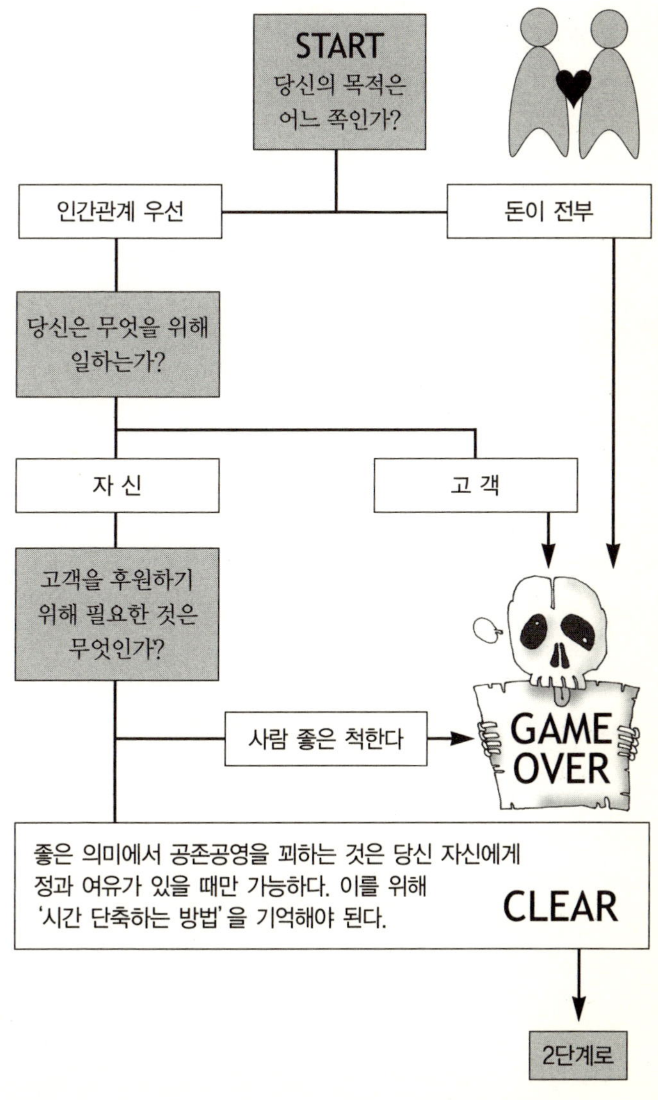

능력 있는 남자만의 기술 – 3초 안에 팔아라

지금까지 능력 있는 남자가 되기 위한 마음가짐에 대해 살펴보았다. 그러면 구체적으로 어떤 일을 하면 되는지 알아보자.

그 전에 당신의 영업방법이 옳은지 간단한 테스트를 해보자. 먼저 고객이 눈앞에 있다고 상상하라. 그리고서 속삭이듯 작은 목소리로 다음 대사를 소리 내어 읊어라.

"괜찮으시면 하시죠!"

자, 어떤 결과가 나왔을까? '네' 하면서 고객이 기분 좋게 당신의 상품을 사주었는가? 만약 그렇지 않았다면 분명한 과실이 있다는 것이다.

이런 말을 하면 '우리 회사 상품은 그렇게 간단한 것이 아니다' '상품설명을 제대로 해야 팔린다'고 항변하는 사람도 있을 것이다. 그런 당신에게 다음과 같은 질문을 던진다.

· 상품설명을 해서 물건을 판 적이 있는가?
· 시간만 허비하다가 '검토해보겠다' 는 말만 하고 고
  객이 도망치듯 빠져나가지 않았는가?
· 상품을 팔았더라도 영업 효율성이 지극히 떨어지지
  않았는가?

그렇다. 답답할 정도로 진지하게 상품설명을 해보았자 고객은 따분할 뿐이다. 설명하면 할수록 '이대로 가다가는 발목 잡히기 십상이다' 는 마이너스 사고가 작용하게 된다.

아니라고 생각되면 상품설명을 하던 것을 그만두라. 그리고 오히려 상품을 보이면서 '궁금한 게 있으시면 여쭈어보라' 고 하라. 고객에게 질문을 받을 때까지 시선이 마주치는 것을 피하고 조용히 다른 일을 생각하라.

그러면 신기하게도 고객에게 '이건 어떻게 쓰는 겁니까' '좀 자세히 설명해주시겠습니까' 라는 질문을 받게 된다. 속는 셈치고 한번 해보라. 콧노래가 절로 나올 만큼 원만한 상담을 할 수 있을 것이다.

아직도 믿지 못하는 사람들을 위해 지난번에 만났던 부동산판매회사 영업사원에게 받은 메일을 예로 들어보자.

능력 있는 남자만의 기술 – 3초 안에 팔아라

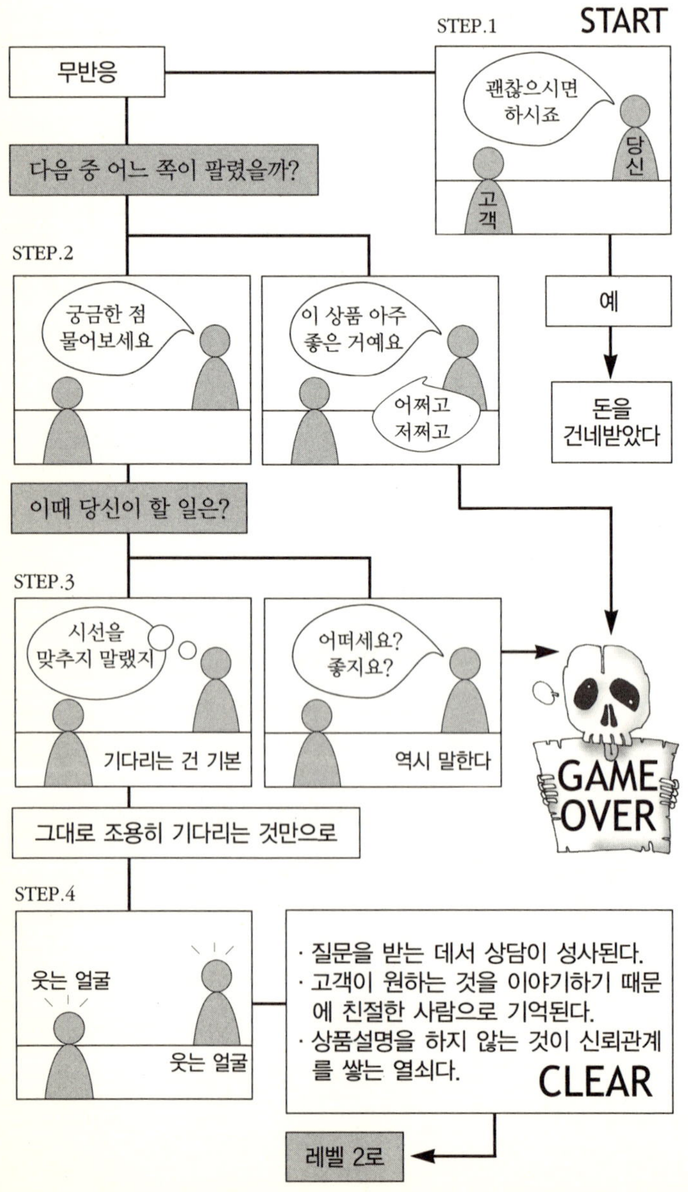

안녕하십니까. 딸기부동산의 마츠오입니다.

바쁘신 일정에도 불구하고 전시장에 와주셔서 대단히 감사합니다. 그리고 밤늦게 방문하여 많은 폐를 끼쳐 죄송합니다.

선생님이 집필한 《마누라도 구워삶는 바보 대박의 법칙》을 지금 막 구입했습니다. 아직 업무중이라 읽을 수는 없지만 머리말과 차례, 그리고 후기는 먼저 읽었습니다. 지금의 제게 상당히 도움이 될 듯한, 아니 상당히 도움이 되는 내용이었습니다. 오늘 저녁부터 바로 읽어볼 생각입니다. 그리고 앞으로 저의 영업의 길잡이로 삼을 생각입니다.

이번에 찾아뵐 때 책을 읽은 소감을 말씀드리게 된다면 더할 나위 없겠습니다. 그러면 이만 실례합니다.

딸기부동산 영업부 마츠오

선생님께 참으로 실례가 많았습니다. 《마누라도 구워삶는 바보 대박의 법칙》을 전부 읽고 다시 두번째 읽고 있는 중입니다. 책을 읽으면서 공감되는 부분이 많아 조금씩이라도 실천할 생각입니다.

집을 판다는 것은 상당히 어려운 일입니다. 그분의

가족상황과 처해 있는 문제까지 해결해드리지 않으면
안 되기 때문입니다.

저는 이 회사에 입사하기 전까지는 '타인의 사생
활, 특히 깊숙한 부분은 절대로 관여하지 않겠다'는 생
각을 해온 만큼 지금도 고객들 속으로 동화되기가 쉽지
않았습니다. 아니 그보다도 두렵습니다.

딸기부동산 영업부 마츠오

안녕하십니까, 하라사키 유조 선생님.

이렇게 말씀드리기 민망하지만 주택판매가 상당히 편
한 일임을 알았습니다. 그런데 평소에 면식이 있는 다
른 업계의 영업사원으로부터 '지불하는 금액의 덩치가
커서 너무 어렵다'는 말을 들었습니다. 하지만 선생님
의 말을 접하고서는 상대에게 답을 알아내려고 하지 말
고 상대로 하여금 답을 말하게 하면 된다는 것을 알았
습니다.

그래서 최근에는 전시장에서 고객을 안내할 때 선
생님의 말처럼 이러니저러니 떠들지 않도록 하고 있습
니다. 그리고 고객이 전시장에 들어오면 '이쪽으로 오
십시오. 저는 뒤쪽에 있을 테니 궁금하신 게 있으시면

물어봐주십시오'라고 말하는 정도입니다. 그러면 신기하게도 상당히 많은 질문을 받게 됩니다.

첫 대면에서 전부 알아내려 한다는 것 자체가 무리한 이야기입니다. 맞습니다. 하지만 다른 회사 사람들은 '첫번째 만남에서 가능한 한 고객의 모든 것을 알아내라'고 합니다. 그런데 자신이 고객이라면 하나부터 열까지 꼬치꼬치 캐물으면 귀찮아서라도 '됐다'고 말하고 싶을 것입니다.

딸기부동산 영업부 마츠오

이제 이해가 되었을 것이다. 이 사실을 읽고 어느 쪽 말이 옳은지 이제는 알았을 것으로 믿는다. 이렇게 말이다.

· 고객이 싫어할 것 같으면 말하지 말라
· 설득에 시간을 들이느니 아무것도 안 하는 편이 훨씬 좋다.

지금 나는 아내와 주택 구입에 관한 이야기가 오가는 중이다. 그래서 부동산 회사에 가서 '어떤 영업사원한테 사면 좋을까?' '어떤 영업사원을 믿어야 될까?'를 생각하며 냉정하게 관찰하고 있다.

안타깝지만 당신은 상대를 설득시키는 데 너무 열심히 힘들이고 있다. 모두 하나같이 '우리 상품이 얼마나 최고인지' 자신만만한 모습으로 자랑하기에 여념이 없다. 솔직히 말해 난 그것이 기분 나쁘다. 그래서 머릿속에는 온통 '빨리 벗어나고 싶다' 는 생각뿐이다.

사실 앞에서 소개한 메일의 주인공도 그랬다. 아이가 심심해서 죽을 지경인데도 오로지 상품소개에만 열을 올렸

아무리 열심히 떠들어봤자 상대는 꿈쩍도 하지않는다

다. '아이가 따분한 모양인데 팸플릿을 드리겠습니다' '기회가 되면 다시 말씀드리겠습니다' 라는 한마디만 해주면 '좀더 이야기를 들어볼까' 라는 생각이 들었을 텐데 전혀 그런 배려가 없었다.

왜냐하면 상품설명에 너무 열중한 나머지 주변 상황을 살필 수가 없었기 때문이다. 상대의 기분을 모르면 상대를 이해할 수가 없다. 회사 방침에 너무 성실히 집착한 나머지 팔리지 않았던 것이다. 이것이 상담할 때 범하기 쉬운 결정적인 실수 가운데 하나다.

그러면 다시 한번 깊이 생각해보자. 주택 말고 자동차라면 어떨까? 주택과 달리 자동차는 구매빈도나 재구매 가능성이 높아 주택보다 쉽게 팔 수 있다. 그렇다면 당신은 자동차를 어떻게 팔 것인가?

- 아무 생각하지 말고 '괜찮으시면 하시죠' 라고 권해본다.
- 아무 생각하지 말고 '궁금하신 게 있으시면 물어보십시오' 라고 말한다.
- 질문할 때까지 시선을 맞추지 않고 조용히 기다린다.
- 질문이 오면 답해준다.

여기까지는 이해되었을 것이다. 그러면 그 다음에 어떻게 하면 좋을까? 어떤 결정적인 말을 준비하면 3초 안에 팔수 있을까?

말이 쉽지 3초 안에 판다는 게 쉬운 일은 아니다. 당신이나 가능하지 나는 불가능하다고 생각할 것이다. 하지만 입사 3개월의 신입사원이 이 일을 해냈다. 사실 지금 내 자동차도 그 친구한테서 구입한 것이다. 그것도 3초 만에, 놀라운 솜씨로 자동차를 판 것이다. 나 자신도 모르게 '예스'라고 말할 수밖에 없었다. 아주 멋진 결정적 대사를 들었기 때문이다.

지금 생각해보면 구체적인 상품설명 같은 것은 없었다. '궁금하신 게 있으시면 말씀해 달라' 는 한마디만 던졌을 뿐, 그러고는 세상 돌아가는 이야기를 주고받으며 오로지 의문형으로 대화가 반복되었다. 시간이 얼마나 흘렀을까? 차를 마시며 그렇게 20분 정도 지났을 때 갑자기 이런 질문을 던졌다.

"만약 이 차로 결정하셨으면 좋은 가격에 견적서를 보여드리겠습니다. 어떻게 하시겠습니까?"

나도 모르게 '예스' 라고 대답했다. 받아들일 수밖에 없었다. 감탄할 정도로 눈 깜짝할 사이에 모든 것이 이루어졌

능력 있는 남자만의 기술-3초 안에 팔아라

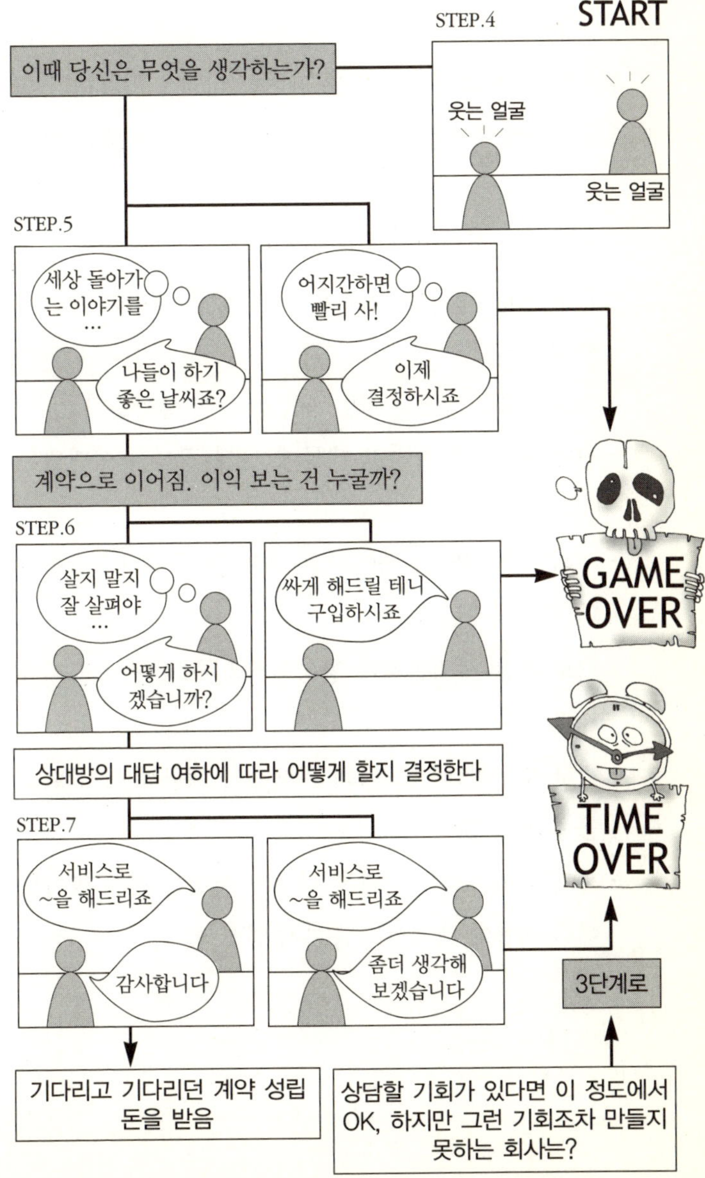

다. '산다면 이 사람밖에 없어'라는 생각이 들었고 그래서 계약서에 사인을 할 수밖에 없었다.

　　너무나 보기 좋게 자동차를 판매한 비밀을 알아내기 위해 그에게 판매요령을 물었다. 그는 다음과 같이 대답했다.

- 자동차는 어디에서 사든 똑같다.
- 기왕 파는 거라면 싸게 파는 게 좋을 거라는 생각이 들었다.
- 상사한테는 야단맞지만 그런 건 전혀 상관없다.
- 판매대수로 평가받기 때문에 싸게 팔아서 야단맞는 것은 잠깐!
- 고객에게 이익이 돌아가고 나도 영업실적이 올라가면 서로에게는 윈윈.
- 서로 좋은 신뢰관계가 형성되지 않으면 아무도 사주지 않는다.
- 결국 누구한테 사느냐의 문제이기 때문에 상사의 말을 듣지 않았다.
- 사기로 마음먹은 사람은 자동차 설명을 하지 않아도 이미 제품에 대해서는 충분히 알고 있다.

　나도 모르게 수긍할 수밖에 없었고, 그를 칭찬할 수밖에 없었다. 그러자 갑자기 이런 말을 했다.

　"솔직히, 제가 좀 다급했습니다. 입사한 3개월 동안 계속 영업실적이 꼴찌라 실적을 올려야만 했거든요."

　그는 결코 '능력 있는 남자'가 아니었다. 입사한 지 얼마 되지 않은 아무것도 모르는 햇병아리였다. 전단지를 돌리라는 상사 지시에 아침부터 밤늦게까지 전단지를 돌리며 허구한 날 자신에게 '바보' '멍청이' '이게 아닌데'라는 생각을 하면서 이를 악물고 지내던 중이었다.

　너무나도 무능력한 상사이기에 듣다 못한 그에게 약간의 충고를 해주었다. 물론 지금까지 말한 것 가운데 약간 살을 덧붙인 것에 불과하지만 말이다. 그렇다고 무리하게 노력을 요하거나 악바리 정신을 필요로 하는 것도 아니다. 그저 광고를 내줄 수 있는 회사의 영업사원이라면 누구나 가능한 것이다.

· 전단지와 광고지 배포는 적당하게! 상사가 자기만족을 위해 하는 것뿐이다.
· 대신 광고를 게재하는 날은 무슨 핑계를 대더라도 회사에 있어라.

· 우선 매장에 오는 손님을 소개받을 것. 이미 실적을
달성한 선배에게 고객을 돌려달라고 부탁하라.
· 상담에 필요한 시간은 1인당 30분 이내. 흐름을 읽
으면서 타이밍을 잡으면 바로 치고 들어가라.
· 시간배분을 정하고 회전율을 높여라. 상담내용이 좋
으면 성공 가능성도 올라간다.

보시다시피 회사에서 광고를 내주는 기업이라면 가만
히 있어도 고객은 들어온다. 굳이 무리하게 없는 시간을 쪼
개가며 마케팅을 할 필요가 없다.

그로부터 1개월 후, 그 친구의 영업실적은 경이적으로
증가했다. 그야말로 자타가 공인하는 '톱 세일즈맨'이 된
것이다.

직접 만든 당신만의 선물을 준비하라

이렇게까지 말했는데도 신중한 사람들에게는 너무나도 단
순한 구조이기에 이해하기 어려울지도 모른다.

· 우연히 운이 좋았겠죠.

· 가격이 엇비슷하다면 기왕이면 싼 게 잘 팔리는 건
  당연하겠지.

· 회사에서 광고를 내주면 좋지만 그렇지 못할 경우에
  는 어떻게 하지.

이런 의견이 있는 것도 사실이다. 그렇게 쉽게 팔 수 있는 게 아니라고 반박하고 싶은 마음은 알지만 상대는 사람이다. 그래서 인간의 교제라는 관점에서 판매 순간을 잡았을 경우에는 업종에 따른 차이는 존재하지 않는다. 파는 쪽에서는 여러 사정이 있지만 사는 쪽에서 보면 판매패턴은 일정하다. '누구를 믿고 누구한테 살 것인가' 하는 것뿐이다.

그러면 두번째 문제에 대해 살펴보자. 제법 그럴싸하게 들리지만 싸게 판다고 팔리는 것이 아니다. 아무리 값을 내려도 팔리지 않는 것은 팔리지 않는다. 왜냐하면 어떤 타이밍에서 싸게 하면 좋을지 모르기 때문이다. 판매에 굶주린 나머지 사물의 본질을 놓쳐버리게 된다. 그리고는 뚱딴지처럼 '싸게 해드릴게요'라는 엉뚱한 말만 튀어나오는 것이다.

그래서 팔리지 않는 것이다. 오히려 고객은 당신이 권하는 상품에 혹 하자가 있지 않은가 하는 이상한 의미로 받아들인다. 그때 고객이 당신을 얕보면서 자리를 뜨는 것은 당연한 일이다.

그렇다면 '능력 있는 남자'라면 어떨까? 그는 절대로 아무에게나 '싸게 판다'는 말을 하지 않는다. 지속적으로 좋은 신뢰관계를 유지할 수 있는 고객에게만 특별히 혜택을 준다는 의미를 넣어 가격을 깎아주는 것이다.

이렇듯 싸게만 하면 뭐든지 팔린다는 생각은 큰 오산이다. 싸게 판매하기 이전에 무엇보다도 그 본질을 파악하는 것이 우선이다. 물론 저가판매로 승부하는 편이 유리한 상품도 있다. 하지만 그것은 대부분 유행을 타는 상품이거나 생활필수품 정도에 불과하다.

이제부터는 세번째 문제를 살펴보자. 솔직히 당신의 회사에서 광고를 내주지 않는다면 그것도 난감한 일이다. 그러면 고객을 만날 수가 없다. 상담할 기회조차 얻을 수 없기 때문에 상당히 괴롭다.

그런 상황에서 회사와 상사는 당신에게 '멍청이' '굼벵이' 같은 말만 내뱉는다. 그래서 '광고라도 내달라'고 말하고 싶지만 현실적으로 회사의 재정 상태는 광고를 낼 여유조차 없다. 어떻게든 머리를 써서 궁리할 수밖에 없지만 광고비 없는 회사치고 적자 아닌 회사는 거의 없다.

돈도 없고 머리도 없고 무엇을 어떻게 해야 좋을지 그것조차 모른다. 그래서 개척영업이니 전화판촉을 시키는 수밖에 달리 방법이 없다. 즉, 당신의 인건비를 족쇄 삼아 당신의 육체를 혹사시키는 것이다. 그렇다고 그것을 그대로 실천하는 것은 더 큰 문제다. 만약 내가 당신 회사의 상사라면 그런 짓은 절대로 시키지 않을 것이다. 당신이 즐겁게 생활할 수 있도록 '능력 있는 남자의 시뮬레이션 게임'을 완성시킨 이후에 일을 시킬 것이다.

이렇게 말했는데도 이해가 잘 되지 않는 사람을 위해 예를 들어보자. 평소 친분이 있는 사람 중에 후지이라는 친구가 있다. 그는 이른바 세상에서 흔히들 말하는 건강식품 마니아이자 자신이 직접 '자연치유력을 높여준다' 는 특이한 상품을 판매한다. 만약 당신이라면 이 상품을 팔 수 있겠는가?

솔직히 말해서 이 상품은 세상에서 가장 팔기 어려운 것 중에 하나다. '상품을 몸에 지니고 있으면 자연치유력이 높아지고 건강해진다' 고 하는데 말만 듣고서는 도대체 이해가 되지 않는다. 이른바 갖고만 있으면 '돈이 모인다는 지갑' 처럼 수상쩍은 제품이다.

그 친구의 고민도 여기에 있었다. 상품에는 자신이 있지만 상품설명을 할수록 왠지 사기 치는 느낌을 받는다는 것이다. 그래서 이것을 극복하기 위해 나름대로 비즈니스 책도 읽었고 다양한 방법들을 모색했지만 효과는 물론이고 아무런 대책을 강구할 수 없었다.

만약 당신이 그 친구의 입장이라면 어떻게 할 것인가? 까놓고 얘기해서 이 제품은 누가 하더라도 쉽지 않은 제품이다. 그 친구 말에 따르면 비싼 돈을 주어가며 광고도 해보았고, 컨설턴트에게 상당한 금액을 지불하며 컨설팅도

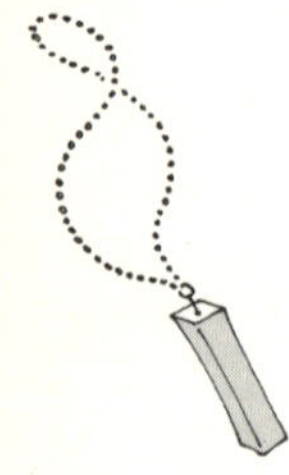

만약 당신의 회사가 상담할 기회조차
만들지 못한다면?

들지도 보지도 못한 이상한 목걸이.
이 상품을 판매하는 것이 당신의 임무라면.

난이도가 높은 상품일수록 판매하는 사람의
인간성이 최고!!!

받았다고 한다. 그럼 당신이 1개월 만에 이 상품을 처분하지 않으면 월급을 받을 수가 없다고 하자. '팔지 못하면 그날로 해고' 라는 말까지 들었다면 어떻게 해야 될까? 당신과 입장을 바꾸어놓고 생각해보라.

- 사업계획서를 작성한다.
- 비즈니스 관련책자를 읽는다.
- 고객 앞에서 열심히 노력하는 모습을 보여준다.

안타깝게도 모두 틀렸다. 호박이 덩굴째 굴러 들어오는 사업계획서? 노(no)! 기껏해야 사기 치는 방법이나 일러주는 비즈니스 관련책자? 읽어본들 말짱 꽝! 열심히 노력하는 모습? 초라하고 비참한 자기 모습만 세상에 드러낼 뿐이다. 이런 방법들은 아무런 의미가 없다.

그렇다면 어떻게 하는 것이 좋을까? 현실문제가 코앞에 닥치면 사람은 본질을 꿰뚫어보는 눈을 가지는 법이다.

- 자신을 보호하려는 나머지 에고이스트가 된다 – 스토커와 다름없는 범죄행위.
- 사기꾼 같은 표현으로 함정에 빠트린다 – 악덕상인

의 영업방법.

· 비즈니스상의 나쁜 습관을 전부 버린다 - 신뢰관계
  를 쌓는 영업방법.

대체로 이렇게 세 가지 안으로 정리되지만 어떻게 된
일인지 대부분 첫번째와 두번째를 선택하는 게 사람의 심
리이다. 이래서는 안 된다는 걸 알면서도 이상하게 눈앞의
이익만을 따라간다. 그래서 대부분의 사람들은 결국 '무의
미한 노력'만 하는 꼴이 된다.

그러면 그 친구는 어떤 길을 선택했을까? 당연히 세번
째다. 지금까지 팔리지 않았던 것은 무언가가 잘못되었기
때문이다. 그는 그동안의 자신을 솔직하게 반성하며 자세
를 고쳐야겠다는 각오로 세번째의 길을 택했다.

그 결과 무엇이 옳고 그른지를 이해할 수가 있었다. 우
리가 유치원과 초등학교 때 배운 '사람을 사귀는 기본'을
생각해낸 것이다. 그 결과 그는 놀랍게도 일주일 사이에
2500만원이나 버는 최고의 세일즈맨이 되었다.

그러면 그는 일주일 사이에 어떻게 벌 수 있었을까? 더
이상 빠져나갈 수 없는 절박한 상황에서 어떻게 기적적인
부활이 가능했는가?

직접 만든 당신만의 선물을 준비한다

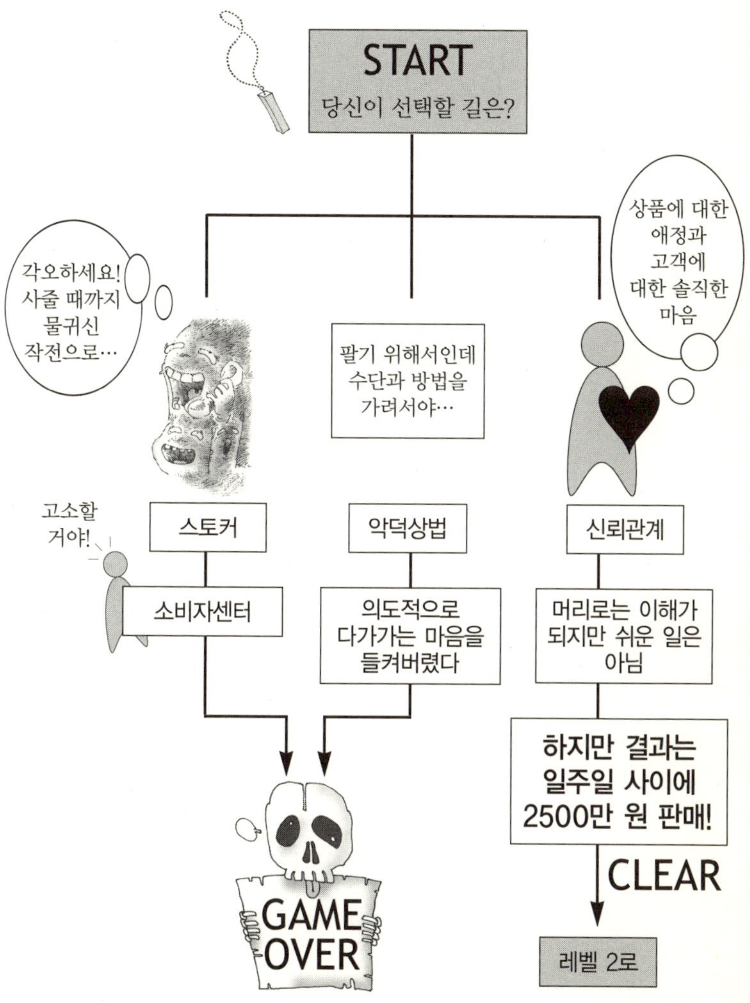

· 솔직히 말해 돈을 목적으로 하지 않았다.
· 고객과의 만남을 연출하는 것을 목적으로 했다.

이 정도면 이제 당신도 알았을 것이다. 판매나 매출을 목적으로 하는 이상 인간관계는 쌓을 수 없다. 만남을 만드는 데 목적을 두지 않으면 앞으로 전진하거나 더 이상의 발전은 기대할 수 없다.

그러면 어떻게 해야 좋은 만남을 만들 수 있을까? 이쯤에서 '능력 있는 남자의 시뮬레이션 게임' 을 해보자.

· 아무 생각하지 말고 한번 권유한다.
· 아무 생각하지 말고 '궁금한 게 있으면 물어보라' 고 말한다.
· 질문을 받을 때까지 시선을 맞추지 말고 조용히 기다린다.
· 질문에 대해 성실히 대답한다.
· 마지막 결정타를 날린다.

여기까지는 충분히 이해되었을 것이다. 광고를 통해 고객을 유치하는 회사라면 괜찮지만 그렇지 않은 경우에는 감이 잡히지 않을 것이다. '궁금한 게 있으면 물어보라'고 했는데 고객은 무슨 생각을 하는지 질문은 고사하고 묵묵부답이다. 이럴 때는 다른 사고회로를 사용하라. 지금까지 말한 것에 '직접 만든 선물'이라는 키워드를 덧붙이는 것이다.

· 손수 만든 선물을 준비한다.

쉽게 말해서 앞으로 만날 멋진 고객을 위해 '고객에게 이익이 돌아가도록 해주는 것'이다. 여기에서 말하는 손수 만든 선물이란 무엇일까?

직접 만든 당신만의 선물을 준비한다

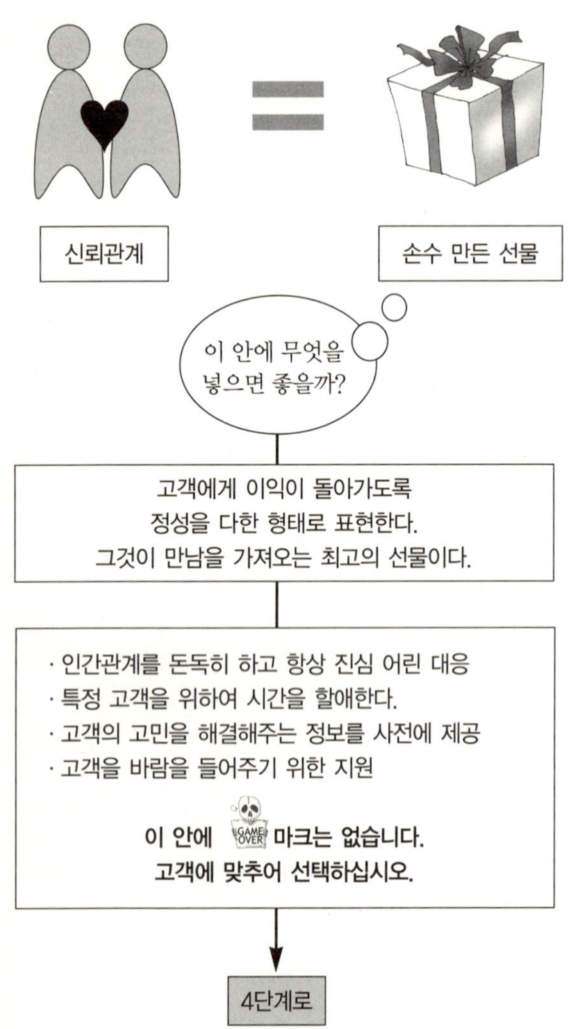

어린아이처럼 풍선을 건넨다든가 하와이 여행권을 선물하라는 이야기가 아니다. '신뢰관계를 쌓을 수 있는 계기가 될 만한 것을 드리라' 는 것이다.

그러면 어떤 일이 일어날까? 믿어지지 않겠지만 고객이 먼저 '고맙다' 고 말하거나 인사말과 함께 선물을 되받는 일이 벌어질 수도 있다. 왜냐하면 '손수 만든 선물이 당신의 마음' 이기 때문이다.

비즈니스의 나쁜 습관을 끊어버릴 용기가 있다면 지금부터 말하는 것을 꼭 한번 실천해보라. 그러면 믿기 어려운 효과를 경험하게 될 것이다.

과거의 경험을 정리하여 시간을 단축하라

이 책은 지금까지의 비즈니스 상식을 전부 엎어버릴 목적으로 쓰인 것이기 때문에 내 말에 의문을 제기할지도 모른다. 그렇다면 이제부터 말하는 것을 신중하게 들어라.

다음 그림은 고객이 상품을 사주었을 때의 모습을 재현한 것이다. 당신은 첫번째와 두번째 가운데 어느 쪽이 올바른 비즈니스의 모습이라고 생각하는가?

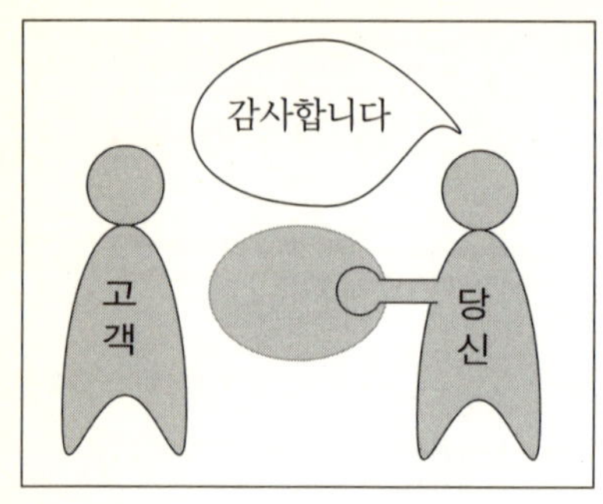

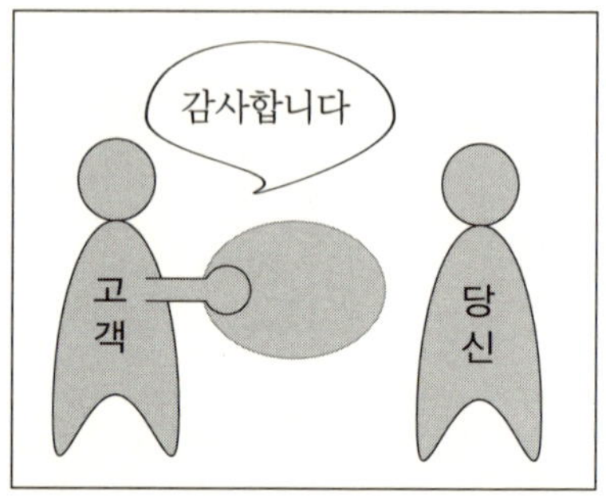

다시 한번 강조하지만 첫번째가 되어서는 안 된다. 왜냐하면 '현금을 주어서 대단히 감사합니다' 라고 말하는 것과 마찬가지이기 때문이다. 그리고 고객에게 신용을 받지 못하고 있다는 증거이기도 하다.

이런 이야기를 하면 이상한 사람 취급을 받을 수 있기 때문에 이해를 돕기 위해 다음 그림을 살펴보자.

과거의 경험을 정리하여 시간을 단축하라

의지결정의 메커니즘 – 두 배로 돌아오는 부메랑법칙

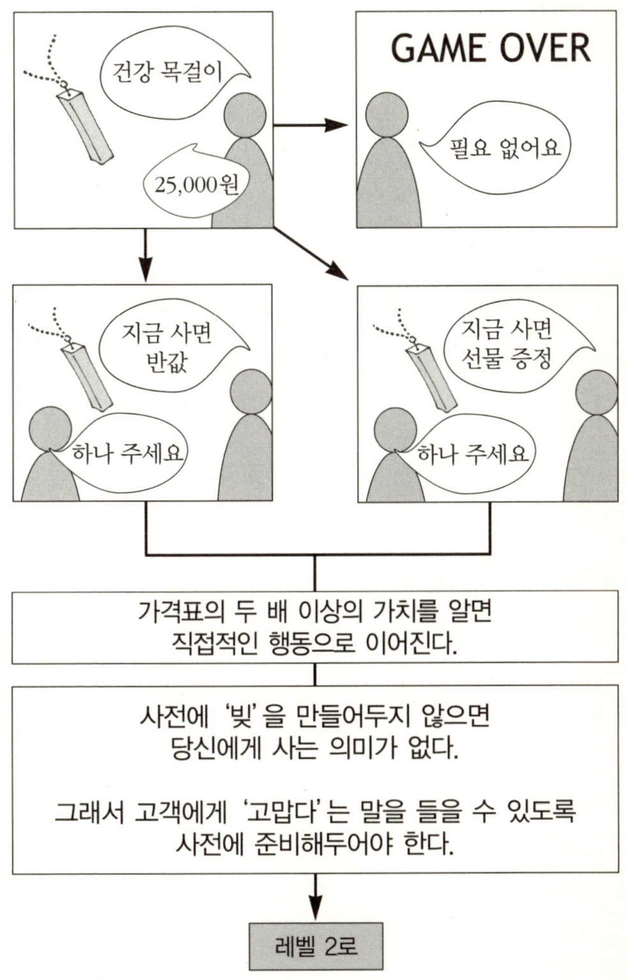

나는 이것을 '의지결정의 메커니즘 – 두 배로 돌아오는 부메랑법칙' 이라고 부른다. 실제로 고객은 상품가격의 두 배 이상 되는 가치가 있다는 사실을 인식했을 때 적극적으로 쇼핑을 한다.

맥도널드 햄버거의 반액세일을 예로 들어보자. 햄버거 가격이 반액이라는 사실을 안 순간 손님들이 줄을 이었다. 반액이라는 것은 가치가 두 배로 되었다는 뜻이다. 그래서 문전성시를 이루는 이상행렬을 만들어냈던 것이다.

그러면 덤이 붙어 나오는 TV홈쇼핑은 어떨까? 사람은 누구나 '덤을 줄 바에는 차라리 가격이나 깎아 달라' 고 생각한다. 하지만 가격을 반으로 깎으면 수지타산이 맞지 않는다. 그래서는 무의미하게 가격파괴만 일으키기 때문에 상품가격 대비 가치를 두 배로 상승시키는 덤 상품을 주는 것이다.

가치를 두 배로 한다는 것은 판매하는 순간에 '빚' 을 만드는 것이다. 분명히 자신에게 이익이라는 것을 알기 때문에 '사서 손해 볼 것 없다' 는 결단을 내릴 수가 있는 것이다. 그것은 앞에서 언급했듯이 고객에게 '고맙다' 는 말을 듣는 것과 같다.

그러면 원점으로 돌아가 다시 생각해보자. 후지이는 어

떻게 하면 두 배 이상의 가치를 전달할 수 있을까?

· 반액으로 할인해서 가치를 두 배로 만든다.
· 덤 상품으로 가치를 두 배로 만든다.

사실 후지이가 취급하는 목걸이는 쉽게 접근할 수 있는 상품이 아니다. 그래서 첫번째의 형태로는 무리가 따른다. 반액으로 판다한들 상품의 가치를 알 수가 없다. 이런 경우에는 후자의 입장을 취하게 된다.

그러면 지금부터 후지이와 전화로 통화한 내용을 살펴보면서 함께 생각해보자.

"가치를 두 배로 한다는 것까지는 알겠는데 무엇을 어떻게 하면 두 배가 될 수 있죠?"

"먼저 손수 선물을 만들어야죠."

"서로 돕고 사는 게 인간관계의 기본이니 좋은 의미에서 빚을 만들어주는 것도 필요하다고 봅니다. 하지만 그게 무엇인지…."

"그렇다면 과거를 한번 되짚어봅시다. 후지이 씨는 왜 건강상품을 판매하게 되었죠?"

"어릴 때부터 몸이 허약하다보니 이것저것 건강상품을 사게 되었습니다. 그래서 건강상품 업계에 들어가면 건강에 관한 지식을 얻고, 직원 가격으로 저렴하게 구입할 수도 있고, 건강도 돌볼 수 있을 거라고 생각했습니다. 그것이 이 업계에 발을 들여놓는 계기였습니다. 그런데 업계 자체가 영리만을 추구하다보니 상품 지식에 비해 솔직히 건강과 관련된 지식은 전무했습니다. 그리고 모두 아픈 사람 얼굴을 하고 건강상품을 팔고 있었죠. 하지만 고객에게는 절대로 그런 말을 입에 담을 수가 없었습니다. 사실 회사와 소비자 사이에 끼여 이러지도 저러지도 못하고 있습니다."

"이미 답을 스스로 말했네요. 지금 말한 것을 꼼꼼하게 정성들여 정리해보세요. 그럼 그것이 앞으로 상품을 사용하는 사람들에게 최고의 선물이 될 것입니다."

"건강에 관한 과거의 내 경험을 정리하면 되겠네요. 정성을 담아 정리하는 것만으로 손수 선물을 만들 수 있다니…."

이 대화의 핵심은 먼저 과거의 경험을 최대한 살리라는 것이다. 자기 자신의 경험을 부가가치로 덧붙이는 것이다. 그 경험이 생생할수록 높은 신빙성을 부여해준다.

과거의 경험을 정리하여 시간을 단축하라

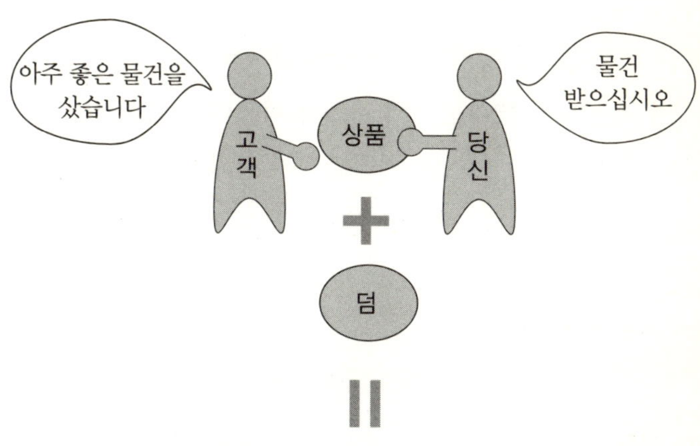

고객보다 먼저 상품을 사용하고 있다.
그래서 그때의 경험과 그 상품을 권하는 이유,
당신의 인간성을 덤으로 붙여라.

가격표의 가치만으로는 돈을 연상시키게 된다.
주머니에서 돈이 나간다 = 출혈이 따른다.
그래서 돈을 꺼내고 싶지 않다.

5단계로

정성이 담긴 초대장 만들기

사실 후지이는 내 말에 상당히 당황했다고 한다. 가장 먼저 '상품 컨셉트를 명확히 하라'는 게 비즈니스 서적들의 정설이기 때문이다. 하지만 인간관계나 신뢰관계를 쌓는 영업은 경우가 다르다. 과거의 경험을 토대로 순수한 정보제공에 주안점을 두면 된다.

계속해서 대화를 살펴보자.

"무슨 말인지 이해는 가지만 정말 괜찮을까요? 그냥 순수하게 생각한 것과 느낀 점을 정리하는 것만으로 될까요?"

"팔리고 안 팔리고는 어디까지나 결과론이니까 그 전에 해야 할 일이나 하세요. 안 그러면 팔릴 것도 안 팔립니다."

"알겠습니다. 일단 선물을 만들어보겠습니다."

후지이는 과거의 모든 경험을 조심스럽게 정리하기 시작했다. 그것이 업계에서 물의를 일으킬지도 모른다는

생각을 하면서도 있는 사실만을 기록했다. '어떻게든 팔
아야 돈을 번다' 는 비즈니스적 생각을 버리고 성실하게
정리했다.

그 결과 놀라운 일이 벌어졌다.

안녕하세요. 서비스 컴퍼니의 후지이입니다.
최근 저의 심경 변화와 결과에 대해 알리고자 합니다.
선생님의 지도를 받은 지 채 한 달도 되지 않는 짧은 기
간에 저의 가치관이 완전히 바뀐 것에 스스로도 놀라
고 있습니다.

선생님에게 지도받던 첫날이 생각납니다. 전화로
말하는 내용을 노트에 일일이 적으면서 '어떻게 내 마
음을 알고 가려운 데만 골라가며 말해줄 수 있지' 라며
내심 감탄하고 있었습니다.

저는 지난 10년간 건강식품과 건강기구를 판매하
면서 광고와 전단지를 수도 없이 만들었습니다. 이런
저런 책을 읽으면서 각종 모임에도 참가했고 컨설팅
까지 받았습니다. 그래서 판매에 무지했던 저에게 적
잖은 도움이 되었으며 그 결과가 나타났을 때는 참으
로 기뻤습니다.

하지만 늘 가슴 한구석에서는 '이건 아닌데' 라는

느낌이 들었습니다. 최근에야 과연 그것이 무엇인지 생각했습니다. 컨설턴트나 책에서 말한 대로라면 결과가 나타나야 당연한데 그러지 못했던 것입니다.

그래서 광고가 실패할 때마다 항상 자책했습니다. 머리가 나빠 내가 만든 광고는 고작해야 어설픈 반응밖에 얻지 못하는 것이라고 말입니다. 하지만 이제는 선생님의 지도를 통해 '이 정도면 팔리겠지'라는 상식에 휘둘리고 있다는 것을 알게 되었습니다.

돌이켜보면 저는 참 많은 착각을 하고 있었습니다. 아무리 자기가 좋아하는 상품설명이라도 고객에게는 오히려 선전문구로밖에 들리지 않는다는 사실을 말입니다. 남의 광고나 전단지를 볼 때는 충분히 이해가 되는데, 막상 자신이 만들면 그 사실을 잊어버리고 결국은 흔히 볼 수 있는 '얼마에 사게 할까?'라는 내용만 도배가 되더군요. 그렇게 당연한 사실을 정말 오랫동안 알지 못했습니다.

컨설턴트에게 상담을 받다보면 종종 이런 느낌을 받습니다.

'음, 헤드카피는 ~으로 고치는 게 좋겠군. 이 부분들도 조금씩 고치도록…(이렇게 조금씩 고친다). 그리고 나머지는 고객의 입장에서 생각하면 되는데, 왜냐하면…(이론, 논리 등으로 길어진다).'

제가 평소 자주 찾는 컨설턴트로부터 지도받는 전

형적인 내용입니다. 분명 내가 모르는 점을 지적해주
고 여러 가지 새로운 것을 알게 되는 것도 사실입니다.
하지만 선생님을 만난 이후 다음과 같은 문제점들을
알게 되었습니다.

· 전체적으로 '좋은가 나쁜가'를 가르쳐주지만 구체적
  으로 어떤 부분을 어떻게 고치면 되는지 몇 군데만
  알려주는 부분수정에 그친다는 점입니다.
· '고객의 입장에서 생각하라'고 하는데 고객의 입장
  을 알았다면 처음부터 그렇게 했을 것입니다. 이처
  럼 추상적인 지적이 주를 이룹니다.
· 과거에 잘 나가던 법칙이나 성공한 회사의 일반적인
  논리를 이야기합니다.

　　결국 변한 곳이라고는 캐치프레이즈 외에는 극히
일부분에 불과합니다. 물론 그것만으로 반응이 달라지
기도 합니다. 하지만 그건 캐치프레이즈가 아주 잘되어
있을 때입니다. 아무리 헤드카피가 좋아도 내용이 받쳐
주지 못하면 고객은 순식간에 알아차립니다.
　　광고, 전단지 반응은 그렇게 간단한 게 아닙니다.
거짓말은 바로 들통이 나기 때문에 잘해봐야 선전문구
로 밖에 들리지 않습니다. 어렵게 시키는 대로 했건만
좋은 반응을 얻지 못하는 게 현실입니다. 때때로 저는

저와 함께 정말 진지하게 생각해줄 브레인을 원했지만 아무래도 컨설턴트에게 그것까지 바라는 건 무리였던 것 같습니다.

하지만 선생님은 '그렇게 자잘한 것까지 고쳐야 되나?' 싶을 정도로 정말 하나하나 정중하게 가르치더군요. 캐치프레이즈부터 고객이 기뻐할 수 있는 주문방법까지 말입니다. 한 가지를 질문할 때마다 그것에 대해 처음부터 끝까지 이야기를 하기 때문에 제 노트는 늘 메모로 가득 차 있었습니다.

이런 과정을 통해 전 처음으로 알았습니다. '내가 자신 있게 추천하는 상품의 장점을 고객에게 열정적으로 설명하면 고객이 그것을 반드시 알아줄 것이다' 라는 말이 새빨간 거짓말이라는 사실을! 그래서 나의 상품설명이 고객에게는 팔려는 의도로밖에 보이지 않았기 때문에 실패했던 것입니다.

사실 얼마 전에는 이전에 만들었던 광고와 전단지 등의 내용을 살펴보았는데, 정말 엄청나더군요. 온통 제발 사달라는 카피뿐이었습니다. 이러니 팔리지 않는 것은 당연했겠죠.

물론 제가 취급하는 상품에는 자신 있습니다. 하지만 전달하려고 하면 할수록 고객은 도망갑니다. 그러나 지금은 고객과 벽을 만들지 않고 진솔한 자신의 언어로 표현하기 때문에 아주 자연스러운 대화를 할 수

있게 되었습니다. 그래서 이제는 상품판매보다도 상담
하는 기분으로 즐기고 있습니다. 그래서인지 메일과
전화로 받는 상담 건수가 예전과 비교가 안 될 정도로
많아졌고, 발로 뛰지 않는데도 주문은 증가했습니다.

모든 것이 선생님의 덕분입니다. 정말 감사합니다.
그리고 알려준 내용이 제 것이 될 때까지 앞으로도 많
은 지도 부탁드립니다.

후지이 준

도대체 무엇이 이런 일을 벌어지게 했을까? 사실은 광
고문안을 작성할 때 사기꾼 같은 표현을 전부 삭제한 것이
비결이라면 비결이다. 후지이가 원래 가지고 있는 인간적
인 매력을 최대한 끌어내기 위해 의도적으로 그렇게 한 것
이다.

비즈니스 책자를 읽은 사람이라면 알 것이다. 좋은 인
상을 심어주기 위해 얼마나 노력해야 되는지, 또 자신을 실
력 이상으로 크게 보이려고 하는지 말이다.

· 묻지도 않았는데 '난 이런 방식으로 봉사하고 있다'
  고 주장한다.

· 대단한 것도 아니면서 '대단한 것처럼' 말한다.
· 희소성이 없는데도 굉장히 희소한 척 '긴급' '지금
  바로' 라고 선동한다.

정말 웃기는 이야기다. 이처럼 사기꾼 같은 표현을 사용하는 회사나 사람치고 제대로 성공하는 것을 보지 못했다. 그런데도 사람들은 왜 그런 표현에 집착하는 것일까?

· 자기 인상을 실력 이상으로 보이려는 지극히 거만한
  에고
· 좋은 물건이라고 생각할 것이라는 안일한 생각
· 빨리 한 건 하고 싶다는 초조감

냉정하게 생각하면 얼마나 어리석은 표현인지 알 것이다. 그럼에도 초조함이 앞서 판매에 열중하다 보면 사물의 본질을 놓치는 것이다.

그래서 아무리 좋은 말을 늘어놓아도 선전문구로밖에는 보이지 않는 것이다. 어디가 매력적인지 잘 모른다. 마음을 담지 않았기 때문에 아무런 감동도 없다. 고객은 사기꾼이나 쓰는 표현을 사용하는 회사와 사람을 신뢰하지 않

는다. 따라서 이러한 비즈니스상의 에고를 말살시킨 사람만이 고객의 평가를 받는다. 그 정직함이 개성적인 특색을 만들면서 누구나 부러워하는 결과를 만들어내는 것이다.

당신이 앞으로 해야 할 일은 마음자세와 행동의 차이를 바로잡는 것이다. 그러면 '능력 있는 남자의 시뮬레이션 게임' 완성형에 도달하게 된다. 그것이 가능해졌을 때 당신은 '능력 있는 남자'로서 명실 공히 인정받을 수 있을 것이다.

정성이 담긴 초대장 만들기

악덕상법

고객을 위해서…	⇨	자신을 위한 것은 아니고?
우리는 이런 방침을 가지고 있습니다.	⇨	굳이 듣고 싶지 않아!
중요한 사실인데요.	⇨	나한테는 중요하지 않아요.
광고에 웃는 얼굴이라도 넣으면…	⇨	기분 나쁜 인위적인 미소…
헤드카피로 '당신한테만 알려주는 중요한 내용!'	⇨	온 동네에 다 알려놓고는 무슨…
궁금하신 내용은 지금 바로!	⇨	별로 묻고 싶지 않은데…

마음이 담기지 않았기 때문에 지속적인 효과를 얻을 수 없음

레벨 2로

정성이 담긴 초대장 만들기

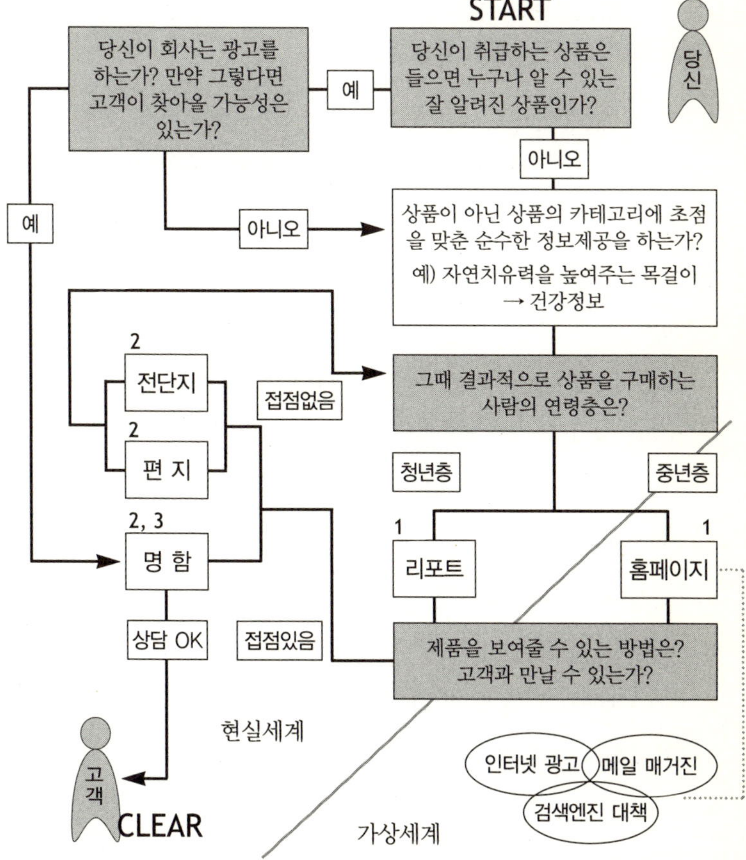

1 고객과 접점을 갖기가 어려울 경우에는 상품에 초점을 맞추지 말고 상품 카테고리에 초점을 두고 쓸 것.

2 광고를 하지 않는 회사라면 판매하는데 상당한 어려움이 있음을 의미한다. 그래서 팔 생각으로 만들어도 팔리지 않는 것이다. 1의 정보를 보도록 하기 위해서는 초대장을 만드는 것이 좋다. 일단 만나기 전에 인간관계를 형성한다. 갑자기 개척영업이나 전화판촉을 할 것이 아니라 먼저 초대장을 발송하거나 우편물을 이용하라.

3 접점을 찾기는 쉬워도 보다 끈끈한 인간관계를 쌓고 싶다면 홈페이지, 리포트를 비롯한 직접 만든 정보 툴이 있는 것이 좋다.

접점 찾기가 어려울 경우에는 복수의 초대장을 보낸다.

특별부록 : 주의해야 할 실전기술

설득이 필요한 상품의 경우
안면이 없어도 자연스럽게 정보 제공하기

1. 여러 (건강법)을 사용했지만 결국 (건강)해지지 못했다 → 어떤 (건강법)과 만남으로써 (체질) 변화가 일어났다.

2. 여러 (건강법)이 있지만 정말 어떤 것이 (건강)에 좋을까?

3. 해보지 않으면 모르는 현실 → 하나같이 (건강)에 도움이 안 됐다.

4. 지금까지의 (건강)에 대한 가치관을 바꾼 (뇌성마비 어린이)와 만남

5. (뇌성마비 어린이)의 기적적인 부활

6. 진정한 (건강)에 대한 힌트를 얻음

7. 이 (치료법)을 알게 된 과정

8. (자연치유력을 활발하게 해주는) 포인트

9. 1~8까지 정리

10. 상품 소개

11. 실제로 (상품)을 사용한 사람의 체험담

12. 돈들이지 않고 건강해지는 법

13. 신청서 양식

이상은 후지이의 홈페이지(www.peace7.com)에 있는 내용이다. 괄호 안의 부분은 당신의 상황과 위치로 바꾸어서 생각해라. 그럼으로써 무엇을 어떤 순서로 하면 좋을지 보일 것이다. 리포트를 작성할 때와 똑같은 요령으로 하면 더 편하게 할 수 있다.

전단지와 편지를 사용해 접점을 만들 경우

솔직히 회사에서 광고를 내주지 않으면 상당히 어렵다. 돈을 투자하지 않고 무언가를 하지 않으면 고객과 접점을 만들 수가 없다. 그래서 이런 상황의 회사에 근무하는 경우 다음 사항을 염두에 두고 행동해라.

- 힘들겠지만 먼저 '설득이 필요한 상품의 경우'를 만들어라. 그것이 완성되면 전단지 또는 편지를 만들어라. 당신 회사가 아무것도 해주지 않기 때문에 당신이 하는 수밖에 없다.
- '설득이 필요한 상품의 경우' 정보를 보게 하기 위한 초

대장을 만들어라. '생각나면 보라'는 가벼운 문장과 함께 홈페이지 주소를 첨부한다.

· 더불어 돈을 들일 수 없으면, 홈페이지에서 직접 문의사항을 접수하거나 자신이 전단지와 편지를 배포하는 두 가지 방법이 있다. 어느 쪽을 선택하면 좋을지는 스스로 판단하라. 나는 첫번째를 추천하지만 두번째도 좋을 경우가 있다.

· 우편발송은 다른 사람의 우편물을 방해할 수 있다. 따라서 전단지를 그대로 우편함에 넣기보다는 봉투에 넣어 보내라.

정리

안면을 트기 전에 먼저 해야 할 일은 고객과 인간관계를 망쳐서는 안 된다는 것이다. 이것을 놓치면 지금까지 말한 이야기가 전부 무용지물이 되기 때문에 정성어린 초대장을 만드는 데 주력해라.

처음부터 고객유치는 '마음이 맞는 사람을 찾을 수 있을까?' '공통 접점을 찾을 수 있을까?' '상대를 배려하면서 서로를 만족시킬 수 있을까?' 이다. 이것이 되었을 때 그 결과는 돈으로 돌아온다.

5. 자신을 내세우지 마라

시간 단축하면서 야근 없는 생활로 돌아가는 법
능력 있는 남자는 자신의 능력을 감춘다
능력 있는 남자는 뛰는 모습을 보이지 않는다
인생은 장거리, 자기 페이스를 지켜라

할 수만 있다면 아내들은 남편을 뜯어고치고 싶을 것이다. 당신의 아내도 마찬가지다. 당신의 아내는 아마 당신을 만나기 전까지는 다음과 같은 생각을 했을 것이다.

'내 애인은 키 크고, 학력 좋고, 착하고, 듬직하고, 멋있고, 돈 많은 부자…. 물론 모두에게 자랑하고 싶은 멋진 남자.'

하지만 현실은? 이러한 꿈같은 바람은 시간이 흐를수록 현실과 멀어지기만 한다. 싫어도 현실을 인정할 수밖에 없기에 가까운 누군가와 만나게 된다. 그러고는 결국 당신 정도에서 만족하면서 사랑에 빠진다. 이런 느낌 속에서 마음의 결정을 한 당신은 청혼을 한다. 아내는 결혼은 어차피 도박이라는 생각을 하며 '시간을 달라'고 말하지만 결국은 수용한다.

그러고서 '이런 게 아니었는데' 하며 후회를 한다. 집 안일, 남편 뒷바라지, 애들 뒤치다꺼리에 쫓기는데다 빠듯한 생활비를 위해 부업까지 마다하지 않는다. 그러다 어느 날 문득 자신을 돌아보니 축 쳐진 몸매와 늘어난 주름살, 그리고 자신조차 알아볼 수 없는 몰골뿐이다.

'세상에, 완전 아줌마잖아….'

전부 남편 탓이라는 생각에 자신의 인생이 너무 불쌍하고 억울하다. 잘해주겠다던 약속은 어디로 갔지? 행복하게 해주겠다고 약속했잖아. 그런데 하루도 편하게 쉬는 날 없이 남편의 가정부로 살았다. 억울한 아내는 그래서 당신을 개조하고 싶은 것이다.

자, 어떻게 하면 당신을 뜯어고칠 수 있을까? 당신의 아내는 알 것 같으면서도 모른다. 그래서 다음처럼 충고하기로 마음먹는다.

· 가끔이라도 일찍 좀 다녀요!
· 가끔은 애들 좀 봐줄 수 없어요!
· 돈이나 많이 벌어와요!

하지만 효과가 없다. 몇 번이나 요구하지만 남편은 받

아들이는 기색이 전혀 없다. '바빠서'라며 변명하는 당신, 그 변명에 지겨워진 아내. 불평불만은 쌓여만 가고 화가 난 아내는 이번에는 비난까지 섞어가며 화를 내다.

"당신! 도대체 뭐하는 인간이야! 내 인생 물어내!"

아내의 불만은 시한폭탄처럼 한꺼번에 터진다. 마치 언제 터질지 모르는 화산의 열기처럼 분노를 쏟아낸다. 일을 크게 만들지 않으려고 사과하는 당신, 오늘만큼은 못 참겠

다며 분노하는 아내. 둘의 이야기는 끝없이 평행선을 달리고 문제해결을 위한 기미는 전혀 보이지 않는다.

그래서 싸움은 각자 하고 싶은 말만 퍼붓다가 끝난다. 우선은 진정되었지만 그 다음날부터는 냉랭하고 무거운 공기가 집안에 팽배하다. 그리고 하루하루 대화가 없어지고 끝도 없는 냉전 상태가 이어진다.

안타깝지만 이것이 아내에게 대접받지 못하는 남편의 길이다. 사실 나도 아내와 가족에게 무시를 당했던 경험이 있다. 아무리 대화를 시도해도 진전이 없었고 그런 생활은 6개월 동안이나 지속되었다. 따라서 당신은 나처럼 이런 일을 당해서는 안 된다. 그러기 전에 미리 손을 써야 한다. 아내의 부담을 줄일 수 있을 때 당신의 성공 가능성은 한층 높아지는 것이다.

시간 단축하면서 야근 없는 생활로 돌아가는 법

앞장에서 언급한 '능력 있는 남자의 시뮬레이션 게임'은 내 실제 경험을 바탕으로 하고 있다. 과거 어설프고 한심했던 내가 성공하기 위해 게임감각으로 즐겼던 그 과정을 정리한 것이다.

솔직히 말해 영업실적은 이것만으로도 올라갈 수 있다. 하지만 야근이나 잔업 없는 생활은 쉽지 않다. 직장동료와 부하직원의 일들을 도와주어야 하고, 또한 승진을 위해 여러 가지를 준비해야 한다. 이것이 이 시대를 살아가는 능력 있는 남자들의 숙명이다.

하지만 이래서는 아내의 불만을 해소시킬 수 없다. '일 잘하는 것도 골치 아파!' '다른 사람 돕느라고 야근까지 해야 되니 열 받네' 라고 투덜거려도 아내에게는 당신이 잘난 척하는 소리로밖에 들리지 않는다. 아내는 현실주의자라서 큰 승진이 없는 이상 당신의 어떤 것도 인정해주지를 않는다.

그러면 어떻게 하는 것이 좋을까? 아내와 아이들에게 인정받으려고 하지 마라(적어도 이 시점에서는). 물론 상사의 평가도 필요 없다. 무엇보다 먼저 동료와 부하들에게 인정받는 것만 생각하라.

지금까지 배웠던 내용을 자기 것으로 만들었을 때 당신은 인정받을 것이다. 그들로부터 '대단한 사람' 으로 불릴 것이다. 그리고 필사적으로 당신의 비밀을 캐내려고 할 것이다. 그러면 답하라. '이제 열심히 일하는 거 그만두기로 했어’ 라고 말이다.

아마 다들 이상하게 생각할 것이다. 그러면 당신은 태연한 표정으로 ‘능력 있는 남자가 되기 위한 게임을 하고 있다’고 말하라. 그러고는 지금까지 배운 내용을 당신의 지식으로 소화시켜 자연스럽게 가르쳐주라.

일시적으로 동료와 부하들의 업무를 도울 수 있겠지만 그건 썩 바람직한 일은 아니다. 시간이 흘러도 그들이 잔업에서 벗어나지 못하게 할 수도 있다. 동료와 부하들의 업무 효율성을 올려놓지 않으면 그 부담을 당신이 고스란히 안게 되기 때문이다. 그래서 시간을 단축시키는 방법을 모두가 공유해야 하는 것이다.

그렇게 해서 결과가 나타났을 때 당신은 주변 사람들에게 ‘자네 덕택에’라는 감사를 받게 된다. 그러면 싫어도 윗사람에게 주목받을 수밖에 없다. 따라서 당신은 회사의 상사나 동료로부터 호의적인 평가를 받으면서 상당한 지위까지 쌓을 수 있을 것이다.

여기까지 오면 비로소 3장에서 피력한 ‘확실하게 튀어나온 못은 맞지 않는다’는 공식이 성립된다. 따라서 당신의 평판이 급속하게 사내에 퍼지게 된다.

능력 있는 남자는 자신의 능력을 감춘다

'집안으로 일을 끌어들이지 마라'는 아내의 불만을 해소시키기는 어렵다. 어쩔 수 없는 상황에 처하면 끌고 들어올 수밖에 없다. 그러니 다른 관점에서 생각해보자.

먼저 아내가 언제 이런 말을 하는지를 알아야 한다. 즉 어떤 심리상태일 때 그런지를 알아야 한다. 지금까지 다양한 방법으로 조사한 결과에 따르면 다음 세 가지로 분류할 수 있다.

· 집안일로 바쁜데 갑자기 아이가 엄마한테 칭얼댈 때
· 아내가 극도로 지쳐 있는데도 아이를 무시하고 당신 일만 했을 때
· 아내가 육아에서 벗어나 혼자이고 싶은데도 당신 일만 했을 때

아내는 하루 종일 애들과 집안일에 시달리고 있다. 이렇게 가사에서 육아에 이르기까지 24시간 풀가동되는 아내는 남편이 협력하는 모습을 보이지 않으면 화나게 마련이

다. 그런데도 당신이 집에서 일까지 하고 있으면 열 받는 것은 당연하다.

이런 일이 몇 번씩 반복되면 '일을 집에까지 가져오는 당신은 도대체 뭐냐'며 싫은 소리를 듣는다. 그러면 솔직히 급소를 찔린 것처럼 당신도 반론하기 어렵다. '회사일인데 어쩔 수 없잖아'라며 변명이라도 했다가는 오히려 화를 더 돋우는 결과만 초래할 뿐이다.

어떻게 하면 해결할 수 있을까? 결론부터 말하면 아내와 자식 앞에서 일하는 모습을 보여주지 않으면 되는 것이다. 가정에서 남자의 입장을 주장하지 마라. 그랬다가는 제 무덤을 파는 꼴이 되기 십상이다. 그래서 집에서도 '일하지 않는 남자'를 염두에 두어야 한다. 가정에서 '능력 있는 남자'란 다름 아닌 '여유시간을 많이 낼 수 있는 남편이고 아버지'인 것이다.

물론 갑자기 이렇게 되기는 어렵다. 먼저 '능력 있는 남자의 시뮬레이션 게임'을 완성시켜야 된다. 우리는 앞장에서 '정성이 담긴 초대장을 만들기'에 대해 배웠다. 이것은 당신 업무능력의 스피드를 높이기 위한 도구이기도 하다. 한번 만들면 지속적으로 사용할 수 있기 때문에 먼저 이 도구를 만드는 데 전력투구하라.

그럼으로써 일을 가지고 집으로 들어가는 횟수가 줄어
든다. 아내들은 애들만 잘 돌봐주면 더 이상 잔소리를 늘어
놓지 않는다. 따라서 적극적으로 아이들과 놀아주는 것이
화목한 가정을 만드는 비결이다.

지금까지 말한 단계를 밟음으로써 일을 가져오는 횟수
를 줄이게 된다. 아이들과 보내는 시간이 많아지기 때문에
'일도 잘하는 유능한 아빠'를 완성시킬 수 있다.

하지만 막상 그렇게 되면 불안해지는 사람이 나타난
다. 바로 당신의 아내다. 허구한 날 잔업과 야근만 하던 남
편이 일찍 퇴근해서도 더 이상 일을 하지 않는다면 당신과
아이들에게는 기쁜 일이지만 '정말 괜찮을까' 불안해 할
것이다.

'당신 회사 정말 괜찮아요?' '혹 부도나는 거 아니죠?'
'구조조정당하는 거 아니죠?' 아내 입에서 이런 말이 나오
면 당신의 승리다. 그때 회사에서 받는 당신의 평가에 대해
언급하라. 사내 영웅이 된 당신을 대수롭지 않은 듯 얘기하
라. 그러면 당신은 가정에서도 '능력 있는 남자'로 인정받
을 것이다.

가정을 챙기면 아내는 막상 불안해하지만 당신의 가치는 올라간다

능력 있는 남자는 뛰는 모습을 보이지 않는다

앞에서 평소의 게임감각을 도입해 '능력 있는 남자' 의 자
세에 대해 살펴보았다. 이로써 여러분은 이 책 제목의 진정
한 의미를 어느 정도 이해할 수 있었을 것이다.

· 능력 있는 남자는 고객 앞에서 인내하며 열심히 노력
하지 않는다.
· 능력 있는 남자는 동료와 부하, 상사 앞에서 인내하
며 열심히 노력하지 않는다.
· 능력 있는 남자는 아내와 아이들 앞에서 인내하며 열
심히 노력하지 않는다.

능력 있는 남자는 이렇게 쓸데없이 노력하는 모습을 보
이지 않는다. 오히려 보이지 않는 곳에서 몰래 노력하며 아
무렇지도 않게 자연스러운 평가를 얻도록 행동한다.

첫번째는 투명하고 명확한 고객의 평가를 받는다. 그
평가를 모아 회사에서 유용하게 활용하면 두번째도 동일한
평가가 가능하다. 따라서 밖에서 받은 평가를 자연스럽게
집안으로 가져가면 자타가 공인하는 능력 있는 남자가 되
는 것이다.

그럼 이제는 마무리 단계로 들어가자. 그 평가의 지속
성과 강도를 높게 만들기 위한 능력 있는 남자의 설계도에
대해 알아보자.

인생은 장거리, 자기 페이스를 지켜라

당신은 1500미터 경주를 할 때 빨리 달리는 비결을 아는가! 땀 한 방울 흘리지 않고 체력 소모도 없으며 상위권에 입상하는 비결을 말이다. 사실 이 방법에 따라 당신의 장래가 결정된다고 할 수 있다. 능력 있는 남자로 마지막 정상까지 갈 수 있을지가 결정된다는 뜻이다. 인생이란 도착점이 보이지 않는 마라톤과 같은 것. 그래서 당신도 이 비결을 반드시 알아두어야 한다.

지금까지 '자연스럽게 평가를 받는 방법'에 대해 강조했다. 하지만 실제로 그런 문제에 부딪혔을 때 그렇게 할 수 있을지 의문을 갖는 사람들이 있을 것이다. 그래서 이번에는 좋은 평가를 많이 받을 수 있는 방법에 대해 살펴보자.

· 모두가 힘들어할 때 힘을 뺀다.
· 모두가 선두를 달릴 때 자기 페이스로 걷는다.
· 늦게 출발하고 힘 빼는 타이밍을 잡는다.
· 지치지 않도록 페이스 분배를 조절한다.

이 정도만 알면 일은 간단하게 해결할 수 있다. 장거리를 단거리 경주로 보고 달리는 어리석음을 범해서도 안 되며, 다른 사람과 똑같이 달려서도 안 된다. 하나같이 쓸데없는 체력소모만 가져올 뿐이다.

그러면 이 공식을 능력 있는 남자의 설계도로 삼아 기둥을 세워보자.

· 단거리가 아닌 장거리 경주임을 명심하라.
· 성급하게 뛰지 말고 먼저 상황판단을 하라.
· 상황판단이 서면 페이스 분배를 결정한다.
· 모두가 지치는 타이밍을 확인한다.
· 걷는 것처럼 속도를 천천히 줄인다.
· 힘 빼는 데 정신 팔지 말고 페이스 분배를 반드시 지켜라.
· 상위권에 진입하면 다른 사람들로부터 '엄청 빠르다' 는 말을 듣게 된다.

하지만 누구나 납득할 수 있는 내용인데도 막상 게임이 시작되면 하나같이 장거리 경주라는 사실을 잊는다. 분명히 말하지만 사람들이 자멸하는 것은 뛰어야 할 곳과 뛰지 말아야 할 곳을 제대로 판단하지 못하기 때문이다. 그래서 최고의 실력을 갖추었는데도 정상에 진입을 못하는 것이다.

선두를 달리는 것은 정말 멋진 일이다. 하지만 그것이 지속되지 않는다면 아무런 의미가 없다. 지속력은 힘이다. '능력 있는 남자'는 지속력 있는 행동을 취하는 것이다.

그때 토머스 에디슨은 이렇게 말했다.
"천재는 1퍼센트의 영감과 99퍼센트의 노력이다."

어릴 적 에디슨은 조금 모자라는 아이였다고 한다. 그럼에도 어떻게 세계적인 발명왕이 되었을까? 역시 1퍼센트의 영감과 99퍼센트의 노력 때문이었을까? 정말 노력만 하면 1퍼센트의 영감이 자동적으로 생겨 성공이 가능해지는 것일까?

솔직히 이 말을 믿을 수가 없다. 이해도 안 되고 절대로 동의할 수도 없다. 그동안 나는 아무도 안 보는 곳에서 노력했음에도 99번이나 실패했다. 사실 에디슨도 100개나 되는 발명품 중 하나만 그랬을 것이다. 그 증거로 이 확률에서 실패한다면 절대로 이 정도의 평가를 얻을 수 없다.

아마 에디슨은 이런 말을 하고 싶었는지도 모른다.
'인내하고 열심히 뛰는 모습을 세상에 보이지 않았기 때문에 1퍼센트의 성공에 스포트라이트를 받을 수 있었다.'

이 메시지는 당신한테도 해당된다. 이 책을 통해 1퍼센트의 영감을 얻는 법을 알았으니, 이제 당신도 1퍼센트의 성공에 스포트라이트를 비춘 삶을 살기 바란다.

오늘은 그만 집으로 돌아가자. 집으로 돌아가 발 뻗고 편안하게 쉬자. 아내의 눈치를 보면서 아이들과 놀아주자. 그동안 '능력 있는 남자'가 못되어서 미안해! 같이 놀아주지 못해서 미안해! 하지만 아빠 이제 괜찮아! 1퍼센트의 영감을 얻는 방법을 배웠거든….

설마 나의 추태를 내보이게 되리라고는 생각도 못했다.
'한심해'로 살았던 과거, 상사한테 왕따당하던 과거 등….
셀 수없이 많은 과거가 있지만 붕괴직전까지 갔던 집안 치
부까지 들추어내며 이 책을 쓰게 되리라고는 꿈에도 생각
하지 못했다.

이 책을 쓰면서 과거 '한심해'였던 내가 '능력 있는 남
자'로 탈바꿈하게 된 과정을 정리하고 싶었다. 이와 유사
한 책들에서 흔히 볼 수 있는 식의 위에서 내려다보는 책이
아니라 진정한 의미에서 도움이 되는 책. 가식 없는 진실한
순간만을 정리하고 싶었다.

1장은 능력 있는 남자가 되기 위한 다섯 가지 비결에
대해 씌여 있다. 한심해였던 내가 능력 있는 남자가 되기
위하여 무엇을 생각했는지 정리했다. 어떤 이상향을 그렸

는지, 그 이상향을 충실하게 묘사하고 재현하였다.

2장은 분발하지 않는 남자의 두뇌 사용법이다. '1장에서 그린 이상향을 현실로 만들기 위하여 필요한 것은 무엇인가?' '어떻게 하면 요령 있게 일할 수 있는가?' 그 요령을 정리했다.

3장은 사내 영웅이 되기 위한 행동지침이다. '회사라는 조직에 순응하면서 높은 평가를 받을 수 있는 방법'에 대해 정리했다.

4장은 능력 있는 남자의 시뮬레이션 게임. '어떻게 즐기며 일할 것인가?' '분발하지 않고 성과를 올리기 위해서 지금 무엇을 해야 하는가?' 보이지 않는 곳에서 실적을 올리는 방법을 게임 감각으로 즐겨보자.

5장은 능력 있는 남자로 평가받는 법이다. '무엇을 어떤 순서로 하면 좋은가?' 종합적인 평가를 받는 방법과 구체적인 행동지표에 대해 정리하였다.

그렇다면 누구에게 평가받아야 되는가? 행복하고 즐거운 생활을 하기 위하여 누구의 후원이 필요한가? 말할 필요도 없이 아내와 자식들이다.

다시 말하지만 이 책을 집필하는 데 난 자신의 치부를 드러내서라도 이 부분의 중요성을 설명해야 된다고 생각했다. 더 이상 '일을 위해서라면 가족을 희생시켜도 상관없는' 시대가 아니다. 원만한 가정생활이야말로 성공으로 가는 비즈니스의 열쇠다. 분명히 말하건대 '열심히 뛰어다니는 남자'는 더 이상 멋진 남자가 아니다. '노력한 결과를 대수롭지 않게 아주 자연스럽게 드러내는 남자'가 멋진 남자다.

그러니 후회 없도록 하자. 아내와 자식에게 '그동안 정말 미안했다'는 말을 할 수 있도록 '능력 있는 남자'가 되자. 당신과 당신의 가족들에게 이 책을 바친다.

과거 한심해였던 하라사키 유조

추신 한가지 잊은 것이 있습니다. 5장에 적은 '돈이나 벌어오라'는 아내의 불만 말입니다. 이 경우에는 한마디로 정리하기 어렵습니다. 왜냐하면 이는 회사전체 매출이 올라가야 가능한 일이기 때문에 반드시 사내혁명을 일으킬 각오로 행동하시기 바랍니다.

따라서 이 책의 내용을 철저하게 활용하실 것을 권합니다. 만약 진정으로 무언가를 하고 싶다면 《마누라도 구워삶는 바보 대박의 법칙》을 참고하시기 바랍니다.

사람은 누구나 한번쯤 대박을 꿈꾼다. 로또복권에 당첨되어 순식간에 거금을 손에 쥐거나 빵빵한 집안의 사위로 며느리로 들어가거나 아니면 내가 가진 아이디어와 생각이 엄청난 대박을 터뜨려 세간의 이목을 받으며 뭇 사람들의 영웅이 되는, 어떠한 형태로든 한번쯤 인생역전을 꿈꾸게 된다.

나 또한 예외는 아니다. 부끄럽지만 어줍잖은 생각 하나만 가지고 젊은 날의 치기와 열정에 들떠 인생역전이라는 화끈한 대박을 터뜨려 보고 싶었다. 그러나 불혹의 나이가 되어 배운 것은 '세상에 공짜는 없다'는 사실과 '성실한 바보들이 세상을 움직인다'는 것이었다.

그리고 이 두 가지의 공통점은 정직과 여유 즉, 바르게 사는 것과 자율·자립·자유라는 덤으로 얻는 즐거움이다.

하라사키 유조는 결코 잘난 사람이 아니다. 어릴 때 부모한테 버림받고 할머니 손에 자라면서 학교에서 치이고 사회에서 치이고 왕따 당하기를 밥먹듯이 하던 사람이다. 그런 사람이 지금은 일본에서 제일 잘 나가는 경영컨설턴트이자 팔리는 광고를 만드는 유일한 디자이너로 그야말로 인생역전을 해버렸다. 대박이 터진 것이다. 하지만 그의 인생역전은 결코 순탄한 것만은 아니었다. 수많은 착오와 고생 끝에 스스로 터득한 삶의 지혜 위에 확고한 목적의식과 끈기로 일구어낸 결과물이다.

저자 말대로 자신의 부끄러운 가정사를 드러내면서까지 썼다는 이 책은 우리들이 흔히 대할 수 있는 성공한 사람들의 눈물어린 고생담과 자기 자랑이 없다. 그래서 읽는 사람에 따라서는 지나치게 밋밋하고 담백하다 못해 심심하기까지 하다. 그러나 눈여겨보면 저자가 얼마나 시대의 흐름을 정확하게 읽고 있는지, 그리고 그것을 어떻게 비즈니스에 활용하고 있는지 한눈에 알 수 있다.

저자 하라사키의 책에는 없는 것이 많다.
첫째로 '안달'과 '초조'가 없다.

'안달' 이라는 말의 뜻은
몸 '안' 에서 쇠를 '달' 군다와
몸 '안' 에서 엿을 '달' 이다입니다.
몸 안이란 마음입니다.
산불은 한번 타면 끝이 납니다.
마음의 불은 끝도 없이 탑니다.
산불은 재산을 태웁니다.
마음의 불은 사람을 태웁니다.
안달을 멈추지 않으면 좋은 사람 잃고
자기 자신마저 잃고 맙니다.

박해조, 〈하늘다리가 있는 집〉에서

둘째 '열심' 이 없다.

'열심히 하겠습니다' '열심히 해' 우리가 흔히 듣는 말이다. 그런데 그 열심히 과하다 보면 마음에 열을 내게 되고 마음에 열을 내면 몸도 열 내고 그렇게 평생동안 사사건건 열심히 열내다 보면 열받쳐서 너와 나 사이에 남는 게 아무것도 없다고 합니다.

셋째는 '부풀림' 이 없다.

물건을 사고 팔거나 비즈니스 흥정을 할 때 우리는 자

신도 모르게 계산을 하게 된다. 어떻게 하면 더 많이 유리한 조건으로 손해보지 않고 팔 수 있을까, 어떻게 하면 저 사람을 내 편으로 끌어들일까 고민하고 계산하게 된다. 그래서 자신도 모르게 상대에게 잘 보이기 위해서 꾸미게 되고, 마치 복어처럼 더 크고 더 멋있게 부풀리는 데 골몰하면서 끊임없이 당당하지 못한 자신의 행동에 위축되고 스스로를 속이는 악순환을 반복하게 된다. 그런 면에서 이 책은 철저하게 과대포장을 거부한다. 그리고 그는 제안한다. 물건을 팔지 말고 자신의 인격을 팔라고.

자신의 인격을 팔기 위해서 하라사키는 세 가지를 제안한다.

바로 정직과 여유와 놀이(즐거움)이다. 흔히 21세기는 도덕의 시대라고 한다. 그만큼 사회가 다변화됨에 따라 인류가 보편적으로 추구해야 할 가치, 즉 미덕이 중요해진 것이다.

그는 외친다. "세상의 모든 규칙을 버려라, 권력 앞에 위축되지 말라, 순수한 인간관계를 맺어라, 일하는 게 아니라 노는 것이며 그러기 위해서는 무엇이 옳고 그른지 판단할 줄 알아야 된다." 여기에는 반드시 정직이 따르게 된다.

정직은 진실되고 진지한 태도를 말합니다. 정직이 중요한 이유는 그것이 신뢰를 쌓는 바탕이 되기 때문입니다. 정직한 사람은 거짓말을 하거나 속이거나 훔치지 않을 것이라는 것을 우리는 믿을 수 있습니다. 정직하다는 것은 또한 자기자신을 있는 그대로 받아들이는 것을 의미합니다. 솔직하고 믿음직한 행동을 할 때 사람들은 당신을 믿을 수 있습니다.

《버츄 프로젝트》에서

정직해지면 먼저 자신에게 당당해진다. 자신에게 당당해지면 두려움이 없어지고 없던 열정이 솟구치게 된다. 그리고 무엇보다도 세상이 무너져도 꿈쩍하지 않는 용기와 자벌레처럼 한 걸음 한 걸음 걸어갈 수 있는 느긋함을 갖게 된다.

또 우리가 진정으로 정직해질 때 우리는 스스로 선택할 줄 아는 눈을 통해 사물의 배후에 가려진 본질을 명확하게 통찰할 수 있는 안목을 갖게 된다. 그리고 그 결과로서 자율과 자립과 자유를 얻게 된다. 성공은 그 후에 돌아나는 덤, 선물일 뿐이다.

저자 하라사키는 수많은 역경을 통해 그것을 극복해 나가는 과정에서 이 사실을 통찰하고 자신을 끊임없이 연마

하고 개발함으로써 그것을 자기화시키고 비즈니스에 응용
함으로써 인생역전에 성공한 사람이다. 그러나 그는 그것
조차 자랑하지 않는다. 그저 있는 그대로 자신의 삶을 통해
얻은 지혜를 모두와 함께 나눌 수 있기를 진정으로 기원하
는 마음을 이 책의 곳곳에서 찾아볼 수 있다.

끝으로 이 책이 우리나라의 많은 비즈니스맨들에게 역
발상의 계기가 될 수 있기를 진심으로 기원한다.

손성애

게으름뱅이로 살아라

초판 찍은날 2004년 6월 21일   **초판 펴낸날** 2004년 6월 26일

지은이 하라사키 유조 ∣ **옮긴이** 손성애
펴낸이 변동호
출판실장 옥두석 ∣ **편집** 이준호 ∣ **디자인** 0.02% ∣ **마케팅** 김현중 ∣ **관리** 김효선
펴낸곳 (주)양문 ∣ **주소** (110-260) 서울시 종로구 가회동 170-12 자미원빌딩 2층
전화 02.742-2563~2565 ∣ **팩스** 02.742-2566 ∣ **이메일** ymbook@empal.com
출판등록 1996년 8월 17일(제1-1975호)
ISBN **89-87203-66-2 03320**   잘못된 책은 교환해 드립니다.